Décrocher
un nouveau poste

Hervé BOMMELAER

Décrocher
un nouveau poste

EYROLLES

Éditions Eyrolles
61, Bd Saint-Germain
75240 Paris Cedex 05
www.editions-eyrolles.com

Du même auteur :

Trouver le bon job grâce au Réseau, 2012.

Booster sa carrière grâce au Réseau, 2012.

Booster son business grâce au Networking, 2011.

Rebondir en temps de crise, 2009.

© Groupe Eyrolles, 2013
ISBN : 978-2-212-55724-4

Sommaire

Partie 1. Préparation

Partie 2. Action

Partie 3. Analyses de cas

Partie 4. Outils

Préambule

Ce livre n'a qu'un seul objectif : vous aider à retrouver un bon poste. Un top job. Et le plus rapidement possible.

Il est le fruit de mon expérience d'outplaceur ayant suivi plus de deux cents cadres supérieurs et dirigeants en transition de carrière. Il s'inspire également d'un grand nombre de posts et d'articles que j'ai écrits sur le thème de la recherche d'emploi.

Il bénéficie également de l'apport de mes nombreux confrères avec qui je parle régulièrement de stratégie, tactique et nouvelles idées ; et de la prolifique littérature anglo-saxonne sur le sujet dont je suis un fervent et fidèle lecteur.

Cet ouvrage a pour but de vous donner une approche stratégique et multicanal de la recherche d'emploi des cadres supérieurs et dirigeants aujourd'hui. Pour cela, j'ai choisi d'aller à l'essentiel pour vous transmettre de façon concise les méthodes et les outils les plus efficaces.

Sur chaque thème abordé – le bilan, le projet, le CV, la lettre de motivation, les chasseurs de têtes, les *job boards* (sites d'annonces d'emplois), le Réseau, etc. –, vous pourrez approfondir le sujet en consultant d'excellents livres qui figurent dans la bibliographie.

Cet ouvrage est appelé à être réédité régulièrement. Aussi, je vous remercie de m'envoyer vos commentaires, critiques, idées, suggestions à l'adresse suivante : herve.pierre.bommelaer@gmail.com (mon adresse d'auteur).

Introduction

« Les espèces qui survivent ne sont pas les espèces les plus fortes, ni les plus intelligentes, mais celles qui s'adaptent le mieux aux changements » Charles Darwin

La recherche d'emploi « à l'ancienne », c'est fini

La recherche d'emploi « à la papa » est reléguée au musée. Oubliez tout ce que vous avez lu sur le sujet depuis plusieurs années. Le marché de l'emploi a complètement changé. Il faut vous y adapter. Vous n'avez pas le choix. Dans un contexte économique instable et imprévisible, un poste de cadre supérieur ou de dirigeant ne se mendie pas. Il se détecte, il se débusque, il se décroche, il s'arrache, il se crée. Cependant, le facteur clé de réussite dans ce processus reste le même : VOUS. Le constat est sans appel : aujourd'hui, ce n'est pas le candidat le plus qualifié qui prend le bon job ! Celui qui rafle la mise, c'est l'individu le mieux préparé, qui mène sa recherche d'emploi de la façon la plus professionnelle possible !

Moins de beaux postes et plus de bons candidats

Rechercher un job de cadre supérieur ou dirigeant représente une course de fond qui doit être menée avec énergie, persévérance, ténacité et systématisme. La concurrence est vive et les opportunités de poste sont limitées. Comme l'écrit justement un chasseur de têtes américain, Skip Freeman, dans son excellent livre *Headhunter Hiring Secrets* (CreateSpace.com, 2010) : « *Les chercheurs d'emploi qui décrocheront les meilleurs postes seront ceux qui sauront fortement se différencier parmi une masse croissante de bons candidats disponibles pour un nombre de plus en plus limité de bons jobs.* »

Place aux professionnels de la recherche d'emploi

Dans cet exercice difficile, vous ne pouvez pas agir en amateur. C'est seulement en professionnalisant votre action que vous réussirez ! Plus que jamais, vous avez besoin d'être précis et efficace. Vous devez retourner toutes les pierres de la rivière pour trouver la piste qui vous mènera au poste recherché. La recherche d'emploi est un job à temps complet. Vous allez être surpris de la masse de travail que cela représente. Vous aurez beaucoup de choses à faire, de détails à régler, de tâches administratives et ingrates à accomplir. Vous constaterez aussi que l'échelle du temps n'est pas la même entre celui qui cherche un job et ceux qui sont en poste (recruteurs et interlocuteurs du Réseau) : demain signifiera dans vingt-quatre heures pour vous, alors que pour vos contacts, cela voudra dire dans une semaine ou un mois.

L'important, c'est votre mental

Dans un marché difficile, ce sont votre état d'esprit et votre attitude qui feront la différence.

Votre mental influence vos pensées, vos pensées déterminent vos actes, vos actes créent la dynamique et la dynamique vous conduit au succès. Si vous désirez garder un bon mental dans cette course de fond, il vous faut :

- prendre le temps de faire régulièrement du sport ;
- avoir une bonne hygiène de vie ;
- communiquer de façon positive avec vos proches pour les rassurer et faire en sorte qu'ils ne deviennent pas toxiques ;
- continuer à sortir et voir des amis ;
- prendre des vacances comme avant ;
- limiter le temps de travail pendant le week-end.

OUBLIEZ CES DIX MAUVAIS CONSEILS SUR LA RECHERCHE D'EMPLOI

Lorsqu'un cadre supérieur ou dirigeant se retrouve dans une phase de transition de carrière, il doit éviter d'écouter certains de ses « bons » amis qui vont lui polluer la tête avec les idées reçues suivantes :

1) À ton niveau, tu ne peux trouver ton prochain poste que *via* un **chasseur de têtes** travaillant dans un des grands cabinets de la place.

2) À plus de cinquante ans, tu n'as plus aucune chance de trouver un CDI, il vaut mieux que tu deviennes **consultant**.

3) À ton niveau, **LinkedIn**, ce n'est pas pour toi.

4) Sois discret dans l'activation de ton réseau, ne rencontre qu'une petite sélection de professionnels que tu connais bien.

5) Il faut **te dépêcher** d'écrire à tous les chasseurs de têtes de Paris, car le temps joue contre toi.

6) Fuis les associations de cadres en repositionnement profession-nel, tu n'en as pas besoin.

7) Ne recours pas à l'*outplacement*, cela ne sert à rien.

8) Ne prends plus de vacances, ta recherche d'emploi est prioritaire.

9) Fais-moi confiance, **je vais passer ton CV** à quelques **DRH**.

10) Fais exactement comme j'ai fait, la même chose m'est arrivée.

Ne vous trompez pas de combat

Le cadre supérieur en transition de carrière est tout aussi désorienté qu'un autre chercheur d'emploi. Jusque-là, sa progression s'est généralement effectuée sans incident majeur, et, s'il a changé de société, c'est parce qu'on est venu le chercher ou qu'il a trouvé mieux. Soudainement, il est licencié et, pour la première fois de sa vie, il est contraint d'apprendre un métier qu'il ne maîtrise pas, celui de chercheur d'emploi ! Il doit investir dans cette nouvelle activité et, parallèlement, gérer son image auprès de ses pairs et au sein de son milieu social. De surcroît, il n'a plus d'assistante pour lui tenir son secrétariat et pallier ses incompétences dans la gestion de l'intendance. Sans parler de son ex-voiture de fonction, de ses ex-notes de frais et de ses ex-avantages envolés avec son ex-job. Le réveil est d'autant plus douloureux qu'il doit à présent affronter le regard de son entourage. De quoi stresser et ne pas dormir pendant plusieurs nuits !

Attention, dans cette phase, à ne pas se tromper de combat : l'ex-responsable d'entreprise peut être tenté d'apporter son aide et ses conseils amicaux à des petites sociétés ou des start-up. Céder à ce type de sollicitations est, certes, flatteur pour l'*ego* et rassurant pour la personne, mais la plupart du temps, cela constitue une action stérile et consommatrice de temps dans la quête du prochain poste. La priorité doit être donnée à ce qui est prioritaire : trouver le top job !

Partie 1

Préparation

Aujourd'hui, la recherche d'emploi d'un cadre supérieur ou dirigeant s'apparente à une course de fond. Il va falloir courir sur une longue distance, garder le rythme et ne pas s'écrouler au milieu. Dans cette compétition au niveau de plus en plus relevé, ce ne sont pas les plus compétents qui gagnent, mais les mieux préparés.

La recherche d'emploi ne tolère plus l'amateurisme, il faut aborder toute transition de carrière de façon professionnelle. Cela passe par un bilan-diagnostic sérieux, un projet précis et validé, des outils affûtés et une stratégie adaptée à chaque individu.

Vous ne regretterez jamais le temps consacré à une parfaite préparation et vous constaterez rapidement que la différence avec les autres compétiteurs se fait très souvent en amont de l'activation de la recherche d'emploi.

Bilan

Prenez le temps nécessaire

Beaucoup de chercheurs d'emploi se précipitent sur le marché sans avoir pris le temps de réfléchir à ce qu'ils sont, cherchent et offrent. Cela provoque le plus souvent des catastrophes, dans la mesure où ces personnes trop pressées grillent des contacts clés et carbonisent ainsi des pistes potentielles. Avant de se lancer dans le grand bain, il faut comprendre les règles du jeu, apprendre les bonnes techniques, s'entraîner et se munir du meilleur équipement. L'idéal, bien sûr, consiste à être accompagné par un professionnel.

Faites-vous accompagner par un professionnel

Le bilan – ou check-up – constitue le socle du succès de votre recherche d'emploi. C'est une étape essentielle qui ne faut pas bâcler. Les meilleurs livres du monde sur le sujet ne remplaceront jamais l'appui d'un professionnel. Je vous recommande vivement de vous faire accompagner dans cette phase et de bénéficier du regard neutre, expérimenté et bienveillant d'une personne compétente. Cela peut être un outplaceur travaillant en cabinet, un outplaceur indépendant, un spécialiste du bilan de compétences, un coach, ou un bénévole dans une association de chercheurs d'emploi. Quoi qu'il en soit, ne restez pas seul dans ce travail de mise à plat de vos atouts, compétences, qualités, envies, contraintes, etc.

Les outils du bilan

Il existe un certain nombre d'outils permettant de réaliser un bilan professionnel complet et efficace. En voici une liste non exhaustive :

- La biographie professionnelle (à rédiger et à décortiquer avec votre consultant en *outplacement*).
- Les tests :
  - Sosie (mesure la personnalité, les points forts et les points faibles) ;
  - Baron (mesure le quotient émotionnel) ;
  - OPQ 32 (mesure le style de management) ;
  - MBTI (détermine le type de personnalité) ;
  - Predom (analyse les préférences comportementales) ;
  - Process Com (dévoile le style de personnalité et de communication) ;
  - ECMS (mesure l'optimisme).
- Le retour d'image (qui synthétise ce que vos N+1, N et N-1 pensent de vous aux plans professionnel et personnel).
- L'analyse graphologique.

Je considère qu'il faut utiliser une large palette d'outils pour avoir une analyse fine d'un individu. Je me méfie toujours des « ayatollahs » qui ne jurent que par un seul outil et rejettent les autres. Il existe des ouvrages pour réaliser soi-même son bilan professionnel. L'idéal, cependant, consiste à le faire avec un professionnel. Ce dernier vous aidera à tirer les lignes de force de votre parcours professionnel et vous permettra de vous poser les bonnes questions. *In fine*, la phase de bilan professionnel doit répondre aux interrogations suivantes :

- Quel est votre ADN familial (origines, milieu social, parents, frères et sœurs, rang de naissance, école, scolarité, activités pendant votre jeunesse) ?

- Quelles études avez-vous faites et pourquoi ? Qu'en avez-vous retenu ?

- Quelles sont les trois principales décisions que vous avez prises entre 15 et 25 ans ?

- Quel a été jusqu'ici le fil rouge de votre carrière ?

- Comment avez-vous trouvé les différents postes que vous avez occupés ?

- Pourquoi et comment les avez-vous quittés ?

- Quels sont vos points forts ?

- Quels sont vos points faibles ou d'amélioration ?

- Quelles compétences avez-vous acquises au cours de votre parcours ?

- Quelles sont les qualités que l'on vous reconnaît ?

- Quels sont vos principaux défauts ?

- Que préférez-vous faire dans votre travail ?

- Que ne voulez-vous plus faire ?

- Quels ont été les meilleurs moments de votre vie professionnelle ? Pourquoi ?

- Quels ont été les pires moments de votre vie professionnelle ? Pourquoi ?

- Si vous gagnez 100 millions d'euros à l'EuroMillion, que ferez-vous de votre vie ?

- Quels sont vos hobbies ? Quel lien pourraient-ils avoir avec votre future vie professionnelle ?

- Quelle est votre situation financière ?

- Quelle rémunération minimum vous faut-il pour vivre ?
- Etc.

Recensez vos forces

Une fois que vous aurez fait l'inventaire de vos forces et de vos faiblesses, il faudra capitaliser sur vos forces, car c'est pour celles-ci que vous serez recruté. Vos faiblesses, il faut les connaître, mais ne passez trop de temps à vouloir les pallier, cela ne sert à rien, car on ne vous choisira jamais pour une faiblesse, même bien corrigée…

Quand une compétence correspond à une zone de plaisir, cela devient un domaine d'excellence. C'est sur ce capital d'excellence qu'il faut miser pour rebondir sur un nouveau poste dans lequel vous allez réussir et vous épanouir.

Il est préférable de définir exactement le job qui vous convient plutôt que d'essayer de correspondre à un poste prédéfini. Le bon poste, c'est celui qui vous permet de maximiser vos forces et votre satisfaction. Pour identifier le meilleur job pour vous, il faut que vous identifiiez :

- votre passion ;
- vos compétences ;
- vos envies ;
- votre moteur ;
- vos qualités ;
- votre style de management ;
- votre style de communication.

La combinaison de tous ces éléments doit aboutir à la définition de votre ADN : Avantage Différenciant Notable.

Projet professionnel et cibles

Rédigez votre projet professionnel

Le projet, c'est la définition précise de votre prochaine activité : métier, poste, secteur d'activité, taille et culture d'entreprise, responsabilités, équipe, budget, type d'enjeux, etc. Il est la synthèse de :

- ce que vous savez faire ;
- ce vous pourriez faire ;
- ce que vous n'avez plus envie de faire ;
- ce que vous désirez faire.

Il peut consister à :

- exercer le même métier dans le même secteur ;
- changer de métier en restant dans le même secteur ;
- changer de secteur en restant dans le même métier ;
- complètement changer d'orientation : lancement d'une activité de consultant, création d'entreprise, reprise d'entreprise, activité bénévole, etc.

Le projet idéal et les autres

Le projet idéal se trouve à l'intersection de trois cercles : le cercle de vos compétences, les cercle de vos envies et le cercle des opportunités. Cela donne le schéma suivant :

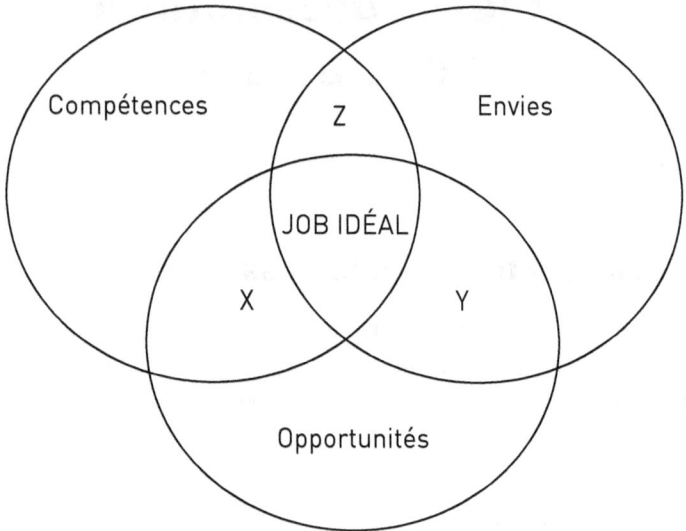

La partie X correspond à un poste acceptable mais pas super-motivant. La partie Y au job désiré mais pas accessible. La partie Z recouvre les emplois rêvés mais non proposés par le marché.

Ciselez votre projet professionnel

Méfiez-vous, un positionnement trop généraliste et sans aspérités n'intéresse pas les recruteurs. Aussi, si vous voulez augmenter vos chances de trouver le bon job dans un délai raisonnable, il est indispensable d'affûter votre projet professionnel pour le rendre pointu, percutant et attractif avant de vous lancer dans les actions de recherche. Votre objectif professionnel doit être clair, cohérent, réaliste, atteignable. Il doit être validé par un professionnel (votre consultant en *outplacement,* un ami DRH, un chasseur de têtes ou une personne qui accepte de vous coacher à titre amical dans votre recherche d'emploi).

Choisissez un projet

Si vous optez pour un projet dans la continuité de votre dernier poste, vous avez plus de chances de convaincre les recruteurs potentiels et de maintenir ou faire progresser votre niveau de salaire. En revanche, si vous optez pour un projet en rupture, votre recherche d'emploi risque de prendre plus de temps et vous devrez être prêt à accepter une baisse significative de votre rémunération. J'ai ainsi rencontré beaucoup de cadres supérieurs et dirigeants qui, vers cinquante ans, voulaient devenir coach. L'évocation du salaire minimum qu'ils devraient accepter de gagner dans les cinq années à venir les faisait souvent changer d'avis…

Effectuez un réel travail de ciblage

Aujourd'hui, vous ne pouvez pas faire l'économie d'un ciblage précis des entreprises dans lesquelles vous désirez travailler. Ne pas cibler constitue une erreur de stratégie classique que j'observe souvent chez le cadre dirigeant en recherche d'emploi : à vouloir courir derrière tous les lièvres, il n'en attrape aucun. Pour bien cibler :

- limitez-vous à trois ou quatre secteurs d'activité différents ;
- faites un travail de recherche sur chaque secteur pour détecter les entreprises les plus intéressantes pour vous ;
- étudiez soigneusement ces entreprises en réunissant les informations clés les concernant ;
- enrichissez régulièrement votre liste de cibles.

Repérez les personnes cibles

Au sein des entreprises que vous avez retenues, il faut identifier les décideurs, car ce sont eux qu'il faut rencontrer et convaincre lors d'un entretien de recrutement. Évitez les DRH, car dans la plupart des sociétés, ce ne sont pas eux les décideurs. Vous devez cibler les N + 1 et N + 2 par rapport à la position que vous visez.

NE DEVENEZ CONSULTANT EN SOLO QUE SI...

Créer son activité de consultant peut représenter une solution séduisante pour des cadres dirigeants à la recherche d'une nouvelle activité professionnelle. Lancez-vous seulement si :

1. vous avez une **expertise bien précise** et différenciante sur le marché. Si vous êtes un « généraliste », vous risquez d'avoir du mal à vous faire une place au soleil.

2. vous ne redoutez pas **la solitude**. Gérer son propre business seul, sans équipe ni collaborateurs, n'est pas toujours bien vécu.

3. vous avez une **réelle appétence pour le commercial**. La prospection va représenter 50 % de votre temps. Si vous ne savez pas – ou n'aimez pas – vendre vos prestations, ne vous lancez pas dans l'aventure.

4. vous avez un **bon réseau professionnel**, car il va falloir sérieusement l'activer.

5. vous connaissez les secrets du **Réseautage**. Si ce n'est pas le cas, lisez mon livre *Booster son business – Gagner de nouveaux clients grâce au Networking* (Eyrolles, 2011).

6. votre **conjoint** est d'accord pour que vous vous lanciez dans ce projet et vous apporte son indéfectible soutien.

7. vous êtes en **bonne santé**, car vous allez avoir besoin de toute votre énergie.

8. vous avez un minimum de **trésorerie** pour assurer les premières années, car il faut généralement du temps pour amorcer la pompe.

9. vous **savez communiquer**. Vous maniez bien les principaux outils de communication. Et vous savez comment maximiser votre visibilité sur les réseaux sociaux.

10. vous n'avez pas de problème à **demander de l'aide**, au moment opportun.

Outils

Le CV

Il n'existe pas de CV parfait. Et il y a autant d'avis sur ce qu'est un bon CV que de professionnels du recrutement ! L'essentiel est de construire un CV qui vous ressemble, attire l'attention du lecteur, vous vende et avec lequel vous êtes à l'aise. Mes clients sont toujours étonnés lorsqu'ils comparent leurs CV entre eux. Je n'impose pas un modèle type, je les pousse à trouver la meilleure configuration pour eux-mêmes, quitte à casser quelques règles. Un autre conseil : à chaque nouvelle recherche d'emploi, bâtissez un nouveau CV ! Ne reprenez pas l'ancien en y ajoutant une nouvelle couche…

Ciselez un CV efficace pour vous

Votre CV n'a qu'un **seul objectif : vous permettre d'obtenir un entretien d'embauche** avec un recruteur. Votre CV n'est pas une autobiographie. C'est une brochure marketing, un argumentaire de vente qui doit vous aider à faire la différence avec les autres compétiteurs sur un marché étroit. Un CV ne vous donnera pas l'emploi que vous visez, il doit juste vous ouvrir la porte du recruteur.

Dans ce but, votre CV doit être :

- professionnel dans le moindre détail ;
- honnête, car votre réputation est en jeu ;
- cohérent avec vos profils sur les réseaux sociaux sur Internet ;
- attractif pour donner envie de vous rencontrer ;
- rédigé de façon à être performant sur un support électronique et imprimable sur papier pour une lecture aisée ;
- remis ou envoyé de façon sélective.

Ne cherchez pas à être exhaustif, mais à vous mettre en valeur. Identifiez les mots clés qui vous qualifient et vous différencient le mieux. Reprenez-les dans les quatre lignes qui soulignent le titre de votre CV.

Faites du sur-mesure

Je ne vous conseille pas d'avoir un seul CV qui serve pour toutes les réponses aux annonces, aux chasseurs de têtes et aux recruteurs. Préparez une version de base, puis adaptez chaque CV en fonction de chaque occasion d'envoi ou de remise. Faites du sur-mesure, pas du prêt-à-porter. À chaque piste différente, vous devez définir un CV spécifique. Il ne s'agit bien sûr pas de réinventer la roue à chaque occasion, mais de privilégier la version du CV la plus pertinente par rapport à l'offre d'emploi ou la description de poste.

Comment rédiger votre CV ?

Écrire un CV « impactant » constitue un point clé de votre succès. Pour cela :

1. Limitez le CV à deux pages maximum si votre carrière est bien remplie. Plus un CV est long, moins il est lisible.

2. Mettez :

    — votre prénom et votre nom ;
    — votre adresse ;

— votre numéro de portable (pas d'autre numéro de téléphone) ;
— votre adresse e-mail (personnelle et spécifique) ;
— votre adresse LinkedIn et/ou Viadeo (si cela apporte un « plus » à votre CV).

3. Ne mettez pas de photo (sauf dans certains cas précis) ; si on veut voir votre visage, il suffit d'aller sur Internet.

4. Privilégiez une police de caractères classique et un corps de texte assez grand pour être lisible.

5. Parlez la langue du marché de l'emploi, notamment pour les fonctions exercées et évitez d'employer un « jargon » secteur.

6. Précisez la dimension et l'activité des sociétés citées. Vérifiez que les sociétés existent toujours, le cas échéant mettez leur nom actuel (et l'ancien nom entre parenthèses).

7. Mentionnez des fonctions/postes compréhensibles.

8. Indiquez les années, sans préciser les mois, sauf éventuellement pour le dernier poste.

9. Faites apparaître vos réalisations majeures traduites en résultats positifs pour l'entreprise (essentiellement factuels, avec des chiffres parlants). **Privilégiez** les informations et les résultats pertinents au regard de l'objectif poursuivi.

10. Réduisez les étapes du début de carrière. N'hésitez pas à regrouper les premières expériences si elles sont courtes et lointaines. Développez les étapes récentes, notamment la dernière.

ÉVITEZ LES 10 ERREURS LES PLUS COURANTES

1. Les fautes de frappe et d'orthographe.
2. Une mauvaise mise en page, une présentation mal organisée.
3. Le choix de plus de deux polices de caractères.
4. L'emploi de mots en gras, en italique et soulignés.
5. Les titres et/ou fonctions incompréhensibles.

...

6. La description inutilement détaillée des entreprises.

7. Les informations clés concentrées sur la seconde page du CV.

8. L'absence de votre nom en petit en haut sur la seconde page.

9. Le fait que vous disparaissiez derrière la société ou l'équipe.

10. La surcharge d'informations qui noie ainsi les points clés du CV.

Votre CV est regardé en vingt secondes

Quinze à vingt secondes, c'est le temps qu'un recruteur va consacrer en première lecture à votre CV. En moyenne, il va retenir trois ou quatre points qui vont lui permettre d'éliminer un maximum de candidats pour n'en retenir qu'une poignée. Ensuite, il consacrera deux minutes à chaque CV retenu pour affiner son choix. La question que je vous pose est simple : qu'est-ce qu'un recruteur lambda va retenir de votre CV en vingt secondes ?

LE TEST ULTIME : LE « CV STORMING »

Testez votre CV en appliquant ma méthode : donnez votre CV à lire pendant **vingt secondes** à quatre autres candidats en recherche d'emploi réunis dans une salle. Au bout de vingt secondes, demandez-leur de retourner le CV et de noter au verso les points clés qu'ils ont retenus. Une fois qu'ils ont fini, donnez-leur **deux minutes** pour regarder à nouveau votre CV. Et à la fin du temps imparti, demandez-leur d'écrire – toujours au verso – les points complémentaires qui les ont frappés. Puis lancez un premier tour de table afin que chaque participant dise ce qu'il a retenu lors de la lecture en vingt secondes. Un deuxième tour de table permettra à chacun de dire ce qu'il a noté lors des deux minutes de lecture complémentaires. Enfin, un troisième tour de table consiste à écouter les commentaires des différents participants. Chaque candidat autour de la table peut ensuite, à son tour, faire tester son CV avec cette méthode. Ce test est redoutablement efficace.

Formatez votre CV en anglais

Si vous devez rédiger un CV destiné à un recruteur anglo-saxon :

- Limitez l'état civil à vos prénoms, nom et coordonnées.

- N'indiquez pas votre âge, ni votre nationalité, ni votre situation familiale.

- Mettez en « accroche » ce que vous recherchez et soyez précis et percutant : utilisez des mots clés.

- Employez des verbes d'action au passé simple : « *achieved* », « *delivered* », « *implemented* », etc.

- Décrivez de façon synthétique vos missions.

- Insistez sur vos réalisations et chiffrez-les.

- Vérifiez l'orthographe : par exemple, aux États-Unis, le « z » remplace souvent le « s » anglais (les Américains écrivent « organize » au lieu de « *organise* »).

- Soyez bref sur votre formation : indiquez simplement vos diplômes de l'enseignement supérieur et traduisez-les pour les rendre compréhensibles.

- N'hésitez pas à mentionner que vous avez dû travailler pour financer vos études si c'est la réalité.

- Affichez vos activités sociales le cas échéant (« *community involvement* »).

- Mentionnez bien les langues que vous parlez et le niveau de maîtrise de chacune d'entre elles.

- Vos hobbies et centres d'intérêts peuvent être regroupés dans une dernière rubrique intitulée « *misocalleneous* ».

- Faites relire votre CV par un Américain ou par un Anglais, en fonction du pays ciblé.

- Utilisez des puces ou des tirets pour faciliter la lecture.

- Ne citez pas vos références, mais indiquez qu'elles sont disponibles sur demande.

Votre communication

Maîtrisez votre communication écrite

La communication écrite est particulièrement importante dans la boîte à outils du candidat. Elle permet :

- d'envoyer son CV à un chasseur de têtes ;
- de solliciter un entretien Réseau ;
- de répondre à une annonce ;
- de réaliser une lettre d'approche directe[1] ;
- de faire une candidature spontanée ;
- de solliciter un entretien avec un décideur ;
- de remercier à la suite d'un entretien Réseau, chasseur de têtes ou d'embauche ;
- de maintenir le contact avec les membres du Réseau.

Excellez dans votre communication orale

La communication orale peut aussi jouer un rôle pour vous faire obtenir des rendez-vous physiques avec les membres du Réseau et des décideurs en phase de recrutement. Elle permet également de créer la différence : c'est elle qui doit donner au Réseau l'envie de vous aider, et c'est encore elle qui doit surtout donner au décideur l'envie de vous recruter. Elle ne s'improvise pas, elle se prépare, elle se travaille, elle se répète et elle s'améliore constamment.

---

1. Lettre très ciblée sans CV.

QUELQUES CONSEILS

Pour les e-mails

Choisissez une adresse e-mail spécifique pour votre recherche d'emploi, simple et évidente : prenom.nom@gmail.com par exemple.

Bannissez les hébergeurs à connotation trop ancienne (ou trop française si vous avez un profil international).

Évitez les adresses familiales du type « famillebommelaer@gmail.com » ou « maurice.et.josette@bommelaer.com ».

Soyez très attentif et très précis quant à l'objet de vos messages.

Écrivez des messages courts.

Relisez-vous soigneusement pour traquer impitoyablement les fautes de frappe, d'orthographe et de français.

Évitez les formules de politesses abrégées ou inappropriées du type « cdlt ».

Pour les courriers papier

Dans certains cas, envoyer une lettre par la poste peut avoir beaucoup plus d'impact qu'un simple e-mail, car il est de plus en plus rare de recevoir du courrier...

Soignez la présentation : le diable est dans les détails.

Achetez un papier et des enveloppes de très bonne qualité.

Tapez votre texte, évitez la forme manuscrite, sauf dans quelques rares cas (analyse graphologique prévue, etc.).

Orthographiez correctement le nom du destinataire et faites figurer son titre exact.

Utilisez les bonnes formules de politesse du type :

• Je vous prie d'agréer, Monsieur, mes salutations distinguées.
• Je vous prie d'agréer, cher Monsieur, mes meilleures salutations.

Évitez d'utiliser le mot « sentiments » dans vos formules de politesse.

Faites TOUJOURS un suivi téléphonique ! La plupart des candidats ne prennent pas cette peine. Tant pis pour eux, tant mieux pour vous.

Laissez une trace mémorielle positive

Lorsqu'on recherche un emploi, on est appelé à rencontrer beaucoup d'interlocuteurs. Prendre conscience de la « trace mémorielle » – c'est-à-dire de l'impact que vous allez produire – auprès de chacun d'entre eux, est primordial pour le succès de vos démarches. Savez-vous par exemple ce que dira de vous un chasseur de têtes à son client en phase de recrutement ? Un DRH au décisionnaire opérationnel, etc. ? C'est à vous de faciliter leur travail, en choisissant les mots clés pour qu'ils vous collent LA bonne étiquette sur le front. Pour cela, il faut être bref, précis et percutant. Vous gagnerez en impact en mettant en exergue trois choses :

1. Votre métier, votre projet, c'est-à-dire ce que vous voulez faire demain. Utilisez des mots compréhensibles par tous.

2. L'expertise ou la particularité qui vous caractérise dans ce métier, là où vous êtes différent, original, spécifique et unique.

3. Une ou deux références qui vont crédibiliser votre discours et marquer le souvenir de votre interlocuteur : une entreprise particulière où vous avez travaillé, une réalisation majeure. Choisissez-les pour leur originalité et leur capacité à être mémorisées.

EXEMPLE

Hervé Bommelaer, je suis directeur de *business unit* dans le secteur alimentaire. De formation Edhec, j'ai travaillé sept ans dans le groupe Danone, où j'ai notamment lancé les marques Activia (ex-Bio) en France, puis Actimel en Espagne. J'ai ensuite rejoint le groupe Bel dans lequel j'ai pris la direction marketing France pendant deux ans avant de diriger la filiale du groupe en Italie ces trois dernières années. Je cherche aujourd'hui un poste de directeur de *business unit* dans le secteur alimentaire, en Europe, en Amérique du Sud ou aux États-Unis.

Communication au téléphone

✘ Suivez un séminaire de *phoning* en recherche d'emploi.

✘ Entraînez-vous sérieusement avant de vous lancer dans le *phoning*.

✘ Préparez chacun de vos appels.

✘ Établissez un scénario d'appel, n'hésitez pas à écrire les points clés de votre script.

✘ Appelez les bons jours aux bonnes heures : le matin et le soir, avant et après le déjeuner, jamais le lundi matin.

✘ Groupez vos appels.

✘ Commencez par l'appel le plus facile et finissez par le plus compliqué.

✘ Appelez d'un téléphone fixe et dans un endroit calme où vous ne serez pas dérangé.

✘ Soyez poli et honnête avec l'assistante pour vous en faire une alliée.

✘ Prononcez correctement le nom de votre interlocuteur.

✘ Ne laissez pas de message sur la messagerie de votre correspondant afin de garder l'initiative.

✘ Relancez de façon opportune.

✘ Soyez tenace, mais ne harcelez jamais vos interlocuteurs.

✘ Ne répondez jamais si vous n'êtes pas en situation de soutenir une conversation (par exemple dans le métro, le bus, dans un magasin).

✘ Gardez trace de vos appels sur votre tableau de suivi et par un rapide compte rendu/ou une courte note datée.

Soyez le mieux informé

Il est essentiel que vous vous organisiez pour suivre de près l'actualité économique et sectorielle. Vous avez plus de temps que les personnes en poste pour le faire, alors ne vous en privez pas ! Il faut vous que vous lisiez régulièrement la presse quotidienne nationale (et régionale), la presse quotidienne économique (*Les Échos*), les revues de business françaises (*Capital, Management, L'Expansion, Challenges*) et étrangères (*Forbes, Business Week, Money, The Financial Times, The Economist, Harvard Business Review*), et la presse professionnelle des secteurs que vous ciblez.

Abonnez-vous à des blogs et à des sites professionnels pertinents pour vous. Créez un compte Twitter pour suivre les tweets des personnes qui parlent de votre domaine, secteur et métier. Vous pouvez également vous abonner à un site qui résume des livres de management.

Sortez et participez

Pendant votre recherche d'emploi, ne restez pas cloîtré chez vous, scotché à votre ordinateur, sortez ! Inscrivez-vous à des formations courtes (LinkedIn, Twitter, gmail, PowerPoint, Excel, etc.), assistez à des conférences, à des débats. Mieux : participez à leur organisation. Intégrez des associations et des groupes, qu'ils soient métier, professionnels ou de chercheurs d'emploi (voir la liste dans la partie « Outils » de l'ouvrage).

SACHEZ-LE : VOUS ÊTES CONTAGIEUX !

Dans votre recherche d'emploi, la façon dont vous vous comportez influence grandement vos chances de réussite. Vos émotions – positives ou négatives – sont en effet contagieuses. Une transition de carrière constitue toujours une période difficile à traverser. Il est donc normal de se retrouver en proie à des émotions qui vont de la colère au découragement, en passant par le déni, le doute, la peur, la tristesse, etc.

Attention, **vos émotions négatives peuvent vous jouer un mauvais tour** si vous les laissez s'exprimer dans l'activation de votre recherche d'emploi. Ainsi, si vous êtes angoissé, vous risquez de générer de la peur autour de vous – chez vos proches et dans votre réseau – ainsi des connecteurs et des décideurs qui vous reçoivent. Si vous êtes en colère, si vous n'avez pas fait le deuil de votre ancien job et que cela se perçoit, vous êtes certain de vous tirer une balle dans le pied. Si vous êtes triste, vous allez sans doute susciter des réactions de compassion, mais aussi, hélas, de rejet.

En revanche, **les émotions positives doivent être cultivées et exprimées**. En affichant votre enthousiasme, votre confiance dans votre projet et dans votre avenir, vous donnez envie au Réseau de vous aider et au recruteur de vous recruter.

La gestion et la communication de vos émotions jouent donc un rôle clé dans le succès de votre recherche d'emploi. Prenez-en conscience et n'hésitez pas à vous faire aider par un psychologue ou un sophrologue si vous ressentez un besoin à ce sujet.

Training

Préparez vos entretiens de recrutement, prouvez par vos faits d'armes

En entretien de recrutement, il ne faut pas se contenter d'affirmer, il faut prouver ! Dans ce but, il faut que vous disposiez de faits d'armes (que l'on nomme aussi preuves ou réalisations probantes) pour illustrer et muscler vos réponses aux questions posées.

Comment faire ?

✘ Recherchez dans votre passé les expériences et les situations professionnelles dans lesquelles vous avez obtenu un résultat dont vous êtes particulièrement satisfait et fier et qui caractérise votre façon d'agir.

✘ Listez vos principaux faits d'armes.

✘ Trouvez pour chacun d'eux un titre accrocheur.

✘ Racontez une histoire bien ciselée (*storytelling*).

✘ Soyez concis et précis. Ne perdez pas votre temps dans des détails inutiles.

✘ Utilisez des verbes d'action spécifiques.

✘ Évitez les verbes « mollassons » tels que « superviser », « suivre », « participer », etc.

✘ Ne tombez surtout pas dans le pathos ou dans les récits qui sentent la poussière d'un passé glorieux, mais lointain.

✘ Ajoutez des adverbes soulignant l'efficacité de vos actions.

✘ Privilégiez le pronom personnel « je » et commencez vos phrases avec lui. Utilisez le « nous » à bon escient pour associer votre équipe dans certains récits.

✘ Exprimez toujours les résultats de vos faits d'armes. Au plan personnel (promotion, prime, récompense, etc.) ; et au plan de l'entreprise par des chiffres simples à retenir (croissance, gain, notoriété, image, etc.).

✘ Chronométrez vos histoires pour qu'elles tiennent dans un format d'une minute trente secondes à maximum deux minutes trente secondes.

✘ Testez votre discours à l'oral auprès de votre consultant ou d'un tiers neutre : l'histoire doit être captivante, fluide et naturelle.

Avant l'entretien

✘ Relisez soigneusement la description de poste, si elle existe, pour parfaitement la connaître. Ayez-la toujours avec vous.

✘ Renseignez-vous sur l'entreprise recruteuse : histoire, stratégie, actualité, culture, valeurs, concurrents, enjeux, etc. ; pour cela, utilisez Internet, les archives des *Échos* (si vous êtes abonné), la presse professionnelle, etc.

✘ Visitez les magasins où les produits ou services de la société sont vendus, interrogez les vendeurs, prenez des photos, comparez les prix, regardez les publicités de la marque et des concurrents. Faites-vous une opinion et mettez-la en forme sur un document Word ou PowerPoint.

✗ Renseignez-vous sur votre interlocuteur : parcours, personnalité, réputation, écrits, vidéos, etc., en le « googlant » (ou sur webmii, 123people et youseemii).

✗ Lisez tout ce qu'il a écrit et dit. Listez ses sujets de prédilection et/ou de préoccupation. Notez les expressions et les mots clés qu'il emploie. Il faudra essayer de les placer habilement au cours de l'entretien.

✗ Vérifiez bien l'adresse du rendez-vous et le trajet pour arriver dix minutes en avance.

✗ Déterminez la veille la façon précise dont vous allez vous habiller.

✗ Relisez votre CV, possédez-le dans les moindres détails.

✗ Reprenez la liste de vos compétences/qualités/forces et déterminez celles à mettre en avant en fonction du contexte.

✗ Répétez votre présentation personnelle.

✗ Relisez vos faits d'armes, connaissez-les sur le bout des doigts !

✗ Soyez capable d'expliquer le fil rouge, la progression et la cohérence de votre parcours professionnel.

✗ Révisez la liste des questions le plus souvent posées et les réponses que vous avez préparées.

✗ Préparez-vous à la question « quel est votre niveau de rémunération ? ».

✗ N'ayez pas de « trous dans la raquette », pas de zones d'ombre, aucun élément qui pourrait faire naître un doute chez votre interlocuteur. Ne mentez pas.

✗ Ayez en tête la liste de vos références.

✗ Prenez plusieurs exemplaires de votre CV (la version une page avec photo) au cas où votre interlocuteur l'aurait égaré (cela arrive plus souvent qu'on ne le croit).

✖ Préparez une liste de questions à poser à votre interlocuteur.

✖ Prenez de quoi écrire et prendre des notes.

✖ Ayez pris le temps de vous reposer et de vous détendre.

✖ Ayez une coupe de cheveux soignée.

✖ Utilisez un déodorant efficace, mais léger.

✖ Ayez des ongles impeccables.

✖ Lavez-vous les dents, ayez bonne haleine (la mauvaise haleine est un critère éliminatoire dont personne n'osera vous parler).

✖ Adaptez votre tenue à votre secteur/métier. Pour les hommes, investissez dans des costumes, chemises, cravates, ceintures sobres, actuels et de qualité.

✖ Traquez les taches, Messieurs, pour ne pas passer pour une grosse tache.

✖ Cirez vos chaussures, qui, pour les hommes, doivent être noires, tout comme les chaussettes.

✖ Oubliez les accessoires ringards, dépassés ou connotés « vieux » : ancien modèle de téléphone, Palm Pilot, montre en plastique, gourmette, etc.

✖ Munissez-vous d'un stylo-bille élégant et qui fonctionne…

✖ Pour les femmes, évitez de mettre un parfum capiteux et de porter trop de bijoux.

✖ Éteignez votre portable dès que vous arrivez à la réception.

✖ Soyez particulièrement poli avec les hôtesses d'accueil et l'assistante de votre interlocuteur.

✖ ET N'OUBLIEZ PAS : l'entreprise qui vous reçoit a une seule question en tête : ce candidat va-t-il contribuer à notre réussite, nous faire gagner de l'argent, ou nous en faire économiser ?

Pendant l'entretien

✘ Abordez votre interlocuteur en souriant et en donnant votre nom.

✘ Donnez votre carte de visite pour récupérer celle de votre hôte (en fonction du contexte et de votre « *feeling* »).

✘ Bannissez l'expression « enchanté de vous rencontrer » de votre vocabulaire.

✘ Soyez prêt aux quelques minutes d'échauffement social (du style : « *Avez-vous trouvé facilement ?* » ou « *Êtes-vous venu en voiture ?* »).

✘ Écoutez attentivement votre interlocuteur, n'essayez pas d'anticiper le sens de ses questions.

✘ N'interrompez jamais votre intervieweur.

✘ Ne soyez pas arrogant.

✘ Maintenez le contact visuel avec votre interlocuteur.

✘ Soyez positif et enthousiaste.

✘ N'employez pas de formule négative.

✘ Ne parlez pas de vos états d'âme, de vos frustrations, de vos aigreurs ou de vos regrets.

✘ Ne vous dévalorisez jamais.

✘ Éliminez les scories de langage, tous ces mots inutiles qui affaiblissent votre discours : « un peu », « petit peu », « presque », « environ », « disons que », « peut-être », etc.

✘ Évitez le discours type « ancien combattant » du XXe siècle.

✘ Ne dénigrez JAMAIS votre ancienne entreprise, vos anciens patrons, collègues, clients, etc.

✘ Maîtrisez votre gestuelle. Ne croisez pas les bras, gardez les pieds bien ancrés au sol, en vous tenant bien droit.

✘ Luttez énergiquement contre les « heuheuheu » et les « biiiiiinnnnn » lorsque vous commencez une réponse.

✘ Faites preuve d'assertivité ; ne dites pas « *Je pense que je suis compétent* », mais « *Je suis compétent* ».

✘ Ne dites pas « *non, mais…* », dites plutôt : « *oui, et…* ».

✘ Répondez aux questions de façon précise et concise.

✘ Illustrez vos réponses, quand c'est possible, par un fait d'armes.

✘ Faites en sorte que le fait d'armes que vous racontez démontre efficacement ce que vous allez apporter à l'entreprise qui recrute.

✘ Faites parler les autres à votre place : « *Mon précédent P-DG me reconnaît une grande compétence en…* »

✘ Si vous ne comprenez pas une question, demandez à votre interlocuteur de la formuler de nouveau (c'est préférable au risque de répondre à côté de la plaque).

✘ Restez concentré même lorsque l'entretien est officiellement terminé et que votre interlocuteur vous raccompagne à l'ascenseur, à la porte de l'immeuble ou à votre voiture.

✘ Ne dites jamais : « *Comme je vous l'ai déjà dit* », « *Vous n'avez pas bien compris* », « *Vous n'avez pas totalement tort* », « *Je ne suis pas d'accord avec vous* », « *Je suis ouvert à toute proposition* », « *Je ne le dirai qu'à votre supérieur* », etc.

QUELQUES QUESTIONS PROBABLES, POSSIBLES, VOIRE INATTENDUES

Préparez une réponse précise et concise à chacune des questions suivantes.

Questions générales

Présentez-vous. Parlez-moi de vous ?

Pourquoi avez-vous choisi de faire ce type d'études ?

Avez-vous fait votre service militaire (en fonction de votre âge) ?

Quel type de leader êtes-vous ?

Quel est votre style de management ?

Quel type de communicant êtes-vous ?

Questions sur la société qui recrute

Que savez-vous de notre société ?

Consommez-vous nos produits/services ?

Avez-vous visité récemment plusieurs de nos magasins ?

Qu'avez-vous retenu des entretiens que vous avez déjà passés au sein de notre société ?

Que pensez-vous de notre stratégie ?

Comment décririez-vous l'ADN de notre entreprise ?

Questions sur votre parcours

Quel est le fil rouge de votre parcours ?

Pourquoi avez-vous quitté votre précédent poste ?

Expliquez-moi vos différents changements de poste ?

Que pense de vous votre précédent patron ?

Quel a été votre plus grand succès professionnel ?

Quel a été votre plus grand échec professionnel ?

Questions sur votre personnalité

Quels sont les principaux traits de votre personnalité ?

Quelles sont vos principales forces ?

Quelle est votre principale faiblesse ?

Qu'est-ce qui vous met en colère ?

...

Comment les autres décriraient votre personnalité ?

Qu'est-ce que les autres critiquent le plus en vous ?

Quels sont vos hobbies ?

Comment vous détendez-vous ?

Que faites-vous quand vous ne travaillez pas ?

Qu'est-ce qui vous passionne dans la vie ?

Questions sur vos compétences

Quelles sont vos principales compétences ?

Que pouvez-nous nous apporter ?

Quelle est votre plus grande valeur ajoutée ?

Qu'est-ce que vous aimez le plus dans votre travail ?

Comment recrutez-vous vos collaborateurs ?

Avez-vous déjà licencié un collaborateur ? Comment cela s'est-il passé ?

Avez-vous déjà piloté un PSE[2] ?

Comment gérez-vous un fort niveau de stress ?

Décrivez-moi une situation où vous avez dû prendre une décision difficile.

Questions sur vos motivations

Pourquoi voulez-vous travailler dans notre entreprise ?

Qu'est-ce qui vous pousserait à quitter votre poste actuel ?

Que changeriez-vous dans notre entreprise ?

Où vous voyez-vous dans cinq ans ?

Qu'est-ce qui vous fait vous lever le matin ?

Quelle est votre motivation principale dans votre vie professionnelle ?

Questions sur votre actualité

Comment occupez-vous vos journées actuellement ?

Qu'avez-vous fait depuis votre départ de votre précédente société ?

Pourquoi votre période de chômage dure-t-elle depuis autant de temps ?

Comment vivez-vous votre chômage ?

...

2. Plan de sauvegarde de l'emploi.

Avez-vous d'autres pistes en cours ?

Si vous avez le choix entre plusieurs offres, allez-vous choisir la nôtre ?

Questions sur votre rémunération

Quel était votre dernier salaire ?

De quoi était composé votre dernier package ?

Quelles sont vos prétentions salariales ?

Qu'est-ce qui explique un niveau de rémunération aussi élevé ?

Seriez-vous prêt à faire un effort sur votre rémunération ?

Questions de fin d'entretien

Pourquoi devrais-je vous engager ?

Dans combien de temps seriez-vous disponible pour commencer ?

Quelles seraient vos premières actions si vous preniez ce poste ?

Êtes-vous motivé pour ce poste ?

Avez-vous des questions ?

Questions plus rares, mais tout aussi intéressantes

Qu'est-ce que vous n'avez pas mis dans votre CV ?

Y a-t-il une information sur vous que je devrais savoir ?

Avez-vous des choses à cacher ?

Quel est le pire patron que vous ayez eu ? Pourquoi ?

Quelles sont les décisions que vous n'aimez pas prendre ?

Faites-vous confiance à votre intuition ?

Certaines personnes de votre ancienne société ne vous apprécient pas. Pourquoi ?

Citez-moi un événement dans lequel vous avez fait preuve de courage.

Quelle est la question que vous auriez aimé que je vous pose ?

Aurez-vous la résistance nécessaire pour réussir à ce poste ?

Pourquoi êtes-vous en conflit et donc aux prud'hommes avec votre dernier employeur ?

Questions que *vous* pouvez poser en fin d'entretien

Pouvez-vous me décrire la culture de l'entreprise ?

Quels sont les facteurs clés pour réussir dans votre entreprise ?

...

Quels seraient mes premiers objectifs ?

Dans quels délais attendez-vous les premiers résultats de mon action ?

Qu'est devenue la personne qui occupait le poste précédemment ?

Quelle est la prochaine étape dans ce processus de recrutement ?

Quand puis-je vous rappeler ?

Les questions à ne pas poser (tout de suite)

Quel est le salaire du poste ?

Quelle est la convention collective ?

Quel est le montant de la participation annuelle ?

Quand comptez-vous prendre votre retraite ?

Quand puis-je prendre mes premières vacances ?

Après l'entretien

✗ Pensez, le lendemain du rendez-vous, à envoyer un e-mail de remerciement à votre interlocuteur.

✗ Rédigez ce mot en exprimant brièvement le fait que vous avez apprécié la rencontre et que vous êtes très motivé par le poste concerné.

✗ N'oubliez pas de tenir au courant le chasseur de têtes, si le recrutement passe par son intermédiaire.

✗ Rédigez pour vous (et pour votre consultant en *outplacement* si vous êtes accompagné) un compte rendu d'une page de votre entretien de recrutement.

✗ Mettez à jour votre tableau de suivi.

✗ Enregistrez une alerte Google sur la société et le nom de votre interlocuteur pour suivre leur actualité.

L'e-mail post-entretien

Les recruteurs apprécient en général de recevoir un e-mail de remerciement après l'entretien qu'ils vous ont accordé. Ce message est stratégique car :

- Remercier un interlocuteur à la suite d'un entretien d'embauche constitue une marque de politesse élémentaire.

- Il permet de confirmer votre motivation pour le poste, si évidemment ce dernier vous intéresse.

- Cela maintient le contact avec les recruteurs et vous permet de leur rappeler que vous avez pris bonne note du prochain interlocuteur à rencontrer ou, le cas échéant, du délai dans lequel ils se sont engagés à revenir vers vous.

Qu'écrire dans un e-mail post-entretien d'embauche ? Il convient de reprendre des éléments et le champ lexical utilisés durant l'entretien. Vous devez reformuler succinctement les deux à trois idées clés évoquées lors de l'échange. Pas besoin de longs discours. Cinq à six lignes suffisent pour résumer votre motivation et démontrer que vous avez bien intégré les besoins de l'entreprise. Il est préférable d'adresser cet e-mail le lendemain de l'entretien. Pas le jour même, ni une semaine après. Vous devez adresser votre e-mail à la ou aux personnes qui vous ont reçu en entretien d'embauche : DRH, N + 1, N + 2 et consultants en recrutement. Tous les interlocuteurs associés à ce processus doivent en effet être traités de la même façon.

Plus l'e-mail sera personnalisé, plus il sera efficace auprès du recruteur. Évitez d'envoyer un e-mail passe-partout. N'essayez pas d'apporter des informations nouvelles et tenez-vous-en à ce qui a été dit lors de l'entrevue. *Last but not least*, relisez votre message attentivement pour éviter la fatidique faute d'orthographe.

Psychologie du recruteur

Les personnes qui vous interviewent dans le cadre d'un entretien de recrutement ne désirent qu'une chose : ne pas se tromper ! Leur mission consiste à identifier la meilleure personne pour un poste à hautes responsabilités. Et elles seront jugées par leur hiérarchie, actionnaire, maison mère en fonction de la qualité du recrutement effectué.

N'oubliez pas qu'à ce niveau un recrutement raté coûte très cher à l'entreprise et peut constituer une tache indélébile sur la réputation du décideur. Conséquence : le recruteur qui vous fait passer un entretien d'embauche n'est pas là pour vous piéger. Il est souvent stressé par l'enjeu : il n'a pas le droit à l'erreur. De ce fait, il aura souvent tendance à privilégier le candidat le plus sûr et non pas le plus qualifié…

Il faut donc le **convaincre**, le **rassurer** et aussi le **séduire** :

- Le convaincre que vous êtes le meilleur candidat pour le poste, que ce soit en termes d'expérience, de compétences ou de qualités professionnelles, que vous serez à la hauteur du poste et que vous avez envie de le prendre.

- Le rassurer sur votre personnalité, sur le fait que vous ne représentez pas un risque pour l'entreprise, sur votre capacité à intégrer l'équipe, et sur votre capacité à contribuer à la réussite de la société.

- Le séduire, c'est-à-dire lui donner l'envie de travailler avec vous et de pouvoir dire du bien de vous aux opérationnels avec qui vous pourriez travailler.

On distingue deux catégories de recruteurs :

- Les recruteurs occasionnels : ce sont les opérationnels, les managers, les N + 1 et N + 2 par rapport à vous. Ils ne sont pas formés à faire passer des entretiens d'embauche. Cet exercice représente un stress pour eux ; ils se fient à leur

expérience et à leur intuition. Leurs questions sont quelquefois imprévisibles.

- Les recruteurs professionnels : ils sont chasseurs de têtes
  ou DRH, généralement ils ont l'œil et maîtrisent l'art du
  recrutement. La plupart du temps, ils ne sont pas décideurs,
  mais sont consultés pour donner leur avis.

Il faut adapter votre discours à chaque catégorie. Quel que soit
votre interlocuteur, il faut que vous l'aidiez dans sa mission de
recrutement. Il faut lui mâcher le travail en l'aidant à trouver
les réponses qu'il cherche. N'oubliez pas qu'en vous recrutant,
il prend un risque !

Stratégie de recherche

Choisissez les bons moyens d'accès au marché de l'emploi

Votre stratégie de recherche est déterminante pour le succès de votre recherche d'emploi. Il s'agit de bien choisir les moyens d'accès au marché de l'emploi en fonction de votre projet, votre métier, votre expérience, votre expertise et votre âge. Votre stratégie de recherche doit être multicanal. Il faut que vous multipliiez les points d'entrée sur les marchés visible et caché.

Voici les principaux vecteurs pour approcher le marché :

- les chasseurs de têtes ;
- les cabinets de recrutement ;
- les cabinets de management de transition ;
- les fonds d'investissements ;
- les *job boards* (et les sites carrière des grandes écoles) ;
- les lettres d'approche directe, ciblées et renseignées (sans CV joint) ;
- les candidatures spontanées ciblées classiques (avec CV joint).
- le **Réseau**, qui représente de 70 à 90 % de vos chances !

Réfléchissez également à la possibilité de retrouver une activité par le biais d'une mission (CDD, management de transition). Les dirigeants d'entreprise sont de plus en plus ouverts à cette forme de collaboration, et l'importance des cabinets de management de transition n'est plus à démontrer. Dans tous les cas, soyez actif et déterminé !

Votre stratégie de recherche d'emploi doit également être SMART :

- Spécifique ;
- Mesurable ;
- Active ;
- Réaliste ;
- « Timée ».

Découvrez la suprématie du marché caché

En France, le marché visible ne représente que 20 % des postes pourvus. Il se compose de toutes les offres d'emploi accessibles *via* les *job boards*, les annonces presse, les sites d'entreprise, etc. C'est un marché particulièrement encombré. Sachez qu'une offre d'emploi sur Cadremploi génère entre deux cent cinquante et sept cents candidatures !

Le marché caché, quant à lui, couvre 80 % des postes disponibles. C'est dans ce dernier que l'on trouve les missions de recrutement confiées aux chasseurs de têtes (10 %), ainsi que tous les postes qui sont pourvus par le bouche-à-oreille (70 %), donc par le Réseau.

Stratégies et tactiques

Plus que jamais, la recherche d'emploi d'un cadre supérieur ou dirigeant commande d'intégrer les nouveaux paramètres du marché. Les stratégies reconnues comme efficaces jusqu'ici n'étant plus à 100 % pertinentes, il convient d'adapter celles-ci au contexte d'un marché tendu et peu lisible.

Apportez des solutions

Vous n'êtes pas un « chercheur d'emploi », mais un pour-voyeur de solution. Aussi, en situation de crise de l'emploi, il est capital de faire un gros travail de documentation, d'analyse et de réflexion pour arriver aux entretiens clés mieux préparé que ses concurrents. À ce titre, il est essentiel d'assister à des conférences de différente nature, de lire la presse économique et professionnelle. Il faut avoir une vision du métier et du secteur que l'on vise et surtout être perçu comme un apporteur d'idées, d'optimisme et de solutions.

Cherchez un job dans un autre pays

Aujourd'hui, il est beaucoup plus facile de chercher un emploi dans un pays étranger. Cette recherche commande cependant d'adopter une démarche précise consistant à :

- adapter votre projet et tous vos outils à la langue et à la culture du pays ;
- cibler les entreprises internationales et locales perti-nentes dans le pays donné ;
- identifier les grands chasseurs de têtes de la ville ou du pays et les contacter ;
- lister les contacts Réseau intéressants et accessibles ;
- utiliser intelligemment LinkedIn comme un facilitateur de prise de contact ;
- se servir du téléphone et de Skype ;
- prévoir de se déplacer si nécessaire.

Soyez opportuniste

Beaucoup de cadres supérieurs et dirigeants mènent leur recherche d'emploi comme de bons élèves appliqués. Dans la majorité des cas, ils ne sont pas assez opportunistes. Voici quelques stratégies opportunistes que vous pouvez et devez utiliser :

- La personne qui décroche le poste sur lequel vous lorgnez laisse sans doute un emploi vacant intéressant dans son ancienne société.

- Le finaliste qui obtient le poste convoité à votre barbe doit effectuer une période d'essai. Ne l'oubliez pas. Aussi, restez poli et en veille discrète vis-à-vis du recruteur et de l'entreprise, au cas où la greffe ne prendrait pas.

- Le futur retraité repéré *via* le réseau va bientôt laisser un poste libre dans son entreprise.

- Votre concurrent qui vient d'être choisi pour le poste pour lequel vous étiez également finaliste est peut-être d'accord pour vous communiquer ses autres pistes en cours, qu'il doit à présent abandonner.

Changez de stratégie pour mieux rebondir

Lorsqu'une recherche d'emploi s'enlise au bout de plusieurs mois d'efforts, il faut savoir faire évoluer la stratégie initiale pour relancer de façon efficace sa recherche. Ces aménagements peuvent porter sur le projet, sur le ciblage ou sur les vecteurs d'activation. L'expérience nous démontre que, en période de crise, lorsqu'une recherche de CDI s'éternise trop, il est opportun d'élargir son offre à des missions dans son domaine de compétence pour, *in fine*, trouver le bon poste à durée indéterminée.

Jouez « tactique »

Pendant votre recherche d'emploi, il faut rester visible, lisible et attractif. Pour que les recruteurs, les informateurs, les veilleurs, les connecteurs et les influenceurs pensent à vous, il faut que vous pensiez à eux. Il convient donc de les alimenter régulièrement en informations émises pour eux.

Voilà un certain nombre de choses que vous pouvez faire :

- tenir un blog d'expert auquel vous les abonnez ;
- envoyer des articles professionnels susceptibles de les intéresser ;
- organiser ou participer à des conférences auxquelles vous pouvez les inviter ;
- envoyer des résumés de livres clés sur un sujet donné ;
- publier une newsletter régulière sur votre domaine de compétences ;
- donner des cours dans des écoles, auxquels vous leur demandez de bien vouloir intervenir ;
- créer un groupe d'experts sur LinkedIn (ou Viadeo) auquel vous les invitez ;
- rédiger des articles dans des revues professionnelles ou d'anciens d'écoles, que vous envoyez ensuite par courrier à vos cibles et à votre réseau.

ORGANISEZ-VOUS EFFICACEMENT

Comme nous l'avons conseillé plus haut, créez-vous une adresse e-mail uniquement consacrée à votre recherche d'emploi et faites en sorte qu'elle soit évidente et professionnelle, par exemple : herve.bommelaer@yahoo.fr.

Créez-vous un lutin avec tous vos outils réunis dans un seul support : fiche de synthèse, CV en français et en anglais, fiche contact Réseau, tableau de suivi chasseurs de têtes, tableau de suivi fonds d'investis-

...

sement, tableau de suivi management de transition, tableau de suivi Réseau, tableau de suivi des réponses à annonces, tableau de suivi lettres d'approche directe, tableau de suivi candidatures spontanées, etc. Notez que ce lutin vous sera aussi très utile lorsque vous vous rendrez à vos rendez-vous avec Pôle emploi…

Bien entendu, ayez tous ces documents stockés sous format électronique sur le *cloud* pour qu'ils restent disponibles et accessibles sur vos différents terminaux, où que vous vous trouviez.

Pour vous simplifier la vie, vous pouvez utiliser jobfinder.fr, qui regroupe dans un seul outil Internet les outils d'organisation et de suivi, ainsi que les conseils liés à la recherche d'emploi.

Faites attention au message

Soyez attentif au message enregistré sur le répondeur de votre téléphone mobile. Il n'y a rien de pire que de tomber sur le message de l'opérateur qui égrène d'une voix métallique un numéro de téléphone ! Prenez le soin d'enregistrer un message COURT, SYMPATHIQUE, SOURIANT et ÉNERGIQUE. Faites tester votre message par plusieurs personnes et n'hésitez pas à le réenregistrer.

Rappelez rapidement lorsqu'une personne vous laisse un message téléphonique ou vous envoie un e-mail. C'est votre image qui est en jeu.

Partie 2

Action

Prêt ? Alors action !

Ne lancez votre campagne de recherche que lorsque vous êtes fin prêt. Il faut que tout soit à 100 % verrouillé :

- votre projet ;
- vos cibles ;
- votre discours ;
- vos outils de vente ;
- votre stratégie ;
- votre *timing* ;
- votre organisation et vos outils de suivi.

Démarrer une recherche d'emploi sans ce travail de préparation constitue une erreur de débutant qui se paye « *cash* », car vous prenez le risque de « griller » définitivement des contacts importants.

Chasseurs de têtes

Approchez efficacement les chasseurs de têtes

Entre 10 et 12 % des recrutements de cadres supérieurs se fait par le canal des chasseurs de têtes. Attention, le chasseur de têtes n'est pas un conseiller de carrière. Il ne vous rencontrera que s'il gère une mission correspondant à votre profil. Cela ne sert donc à rien de le harceler, vous risquez bêtement de l'énerver.

Le chasseur de têtes :

- Gère au maximum vingt missions par an ; il y a peu de chances que votre profil corresponde spécifiquement à l'une d'entre elles.

- Est payé pour résoudre le problème de son client, l'entreprise, pas pour vous aider à trouver le poste de vos rêves.

- Vous a peut-être « chassé » dans le passé, mais cela ne compte pas.

- Présente, dans sa *shortlist*, un candidat en transition de carrière… mais pas quatre.

Il existe plusieurs façons d'entrer efficacement en contact avec un chasseur de têtes :

- Si vous le connaissez bien et inversement, et s'il vous suit depuis longtemps, appelez-le pour le rencontrer, sachant qu'il n'est pas obligé de le faire.

- Si vous le connaissez un peu, envoyez-lui un e-mail accompagné de votre CV. Mais attendez-vous à ce qu'il ne vous reçoive pas (sauf si, par hasard, il mène une mission de recrutement correspondant à votre profil).

- Si l'une de vos relations connaît bien le chasseur – et surtout si c'est l'un de ses bons clients –, vous pouvez obtenir un « entretien de courtoisie », après lui avoir bien sûr envoyé votre CV.

BON À SAVOIR

Certains cabinets de chasseurs de têtes vous invitent à déposer votre CV sur leur site. Faites-le si le cabinet vous inspire confiance. C'est une bonne façon pour cette profession de faciliter son travail et de rentabiliser son temps. Notons cependant que des grands cabinets comme Spencer Stuart viennent de fermer leurs propres bases de données pour tout basculer sur… LinkedIn.

Comprenez comment fonctionne un chasseur de têtes

Son métier s'apparente au monde du renseignement ; il parle de « sources ». Celles-ci peuvent être d'anciens candidats, des relations, des amis d'amis, etc. À ce titre, le Réseau constitue un outil clé dans son activité ; c'est par lui qu'il détecte une grande partie de ses candidats cibles. C'est un artisan, il fait du sur-mesure. En effet, chaque recherche est une opération unique et spécifique. Cinquante pour cent des personnes présentées sont connues avant la mission (fichiers, précédentes missions, etc.). Et 50 % sont des nouveaux venus.

Son temps est précieux. Il doit passer beaucoup de temps avec le client, être proche de lui et de ses préoccupations pour être la personne appelée en cas de besoin de recrutement. Il consacre en outre une partie de ses journées à rencontrer les candidats sélectionnés avant de les présenter à son client. Le reste du temps, il est en prospection.

Les missions deviennent de plus en plus compliquées. Pour corser le tout, les clients sont de plus en plus lents à prendre une décision de recrutement. On constate aussi que les interruptions de mission deviennent monnaie courante et que les entreprises utilisent de plus en plus Internet pour identifier elles-mêmes des candidats de qualité.

SECRET DE CHASSEUR : LE « *PUSH* »

Si un chasseur de têtes n'a pas de mission correspondant à votre profil, mais que vous retenez son attention, il peut essayer de vous « vendre » à l'un de ses clients, en faisant ce que l'on appelle du « *push* ». Son client n'a pas exprimé de besoin de recrutement, mais le chasseur parie que votre expérience sera susceptible de l'intéresser et, peut-être, de l'inciter à vous engager.

Faites du chasseur de têtes votre allié

Allez sur les sites Internet des cabinets, lisez la biographie des consultants, leur formation, leur parcours professionnel, leur expérience. Vous identifierez mieux ceux que vous voulez et pouvez voir.

Si vous arrivez à rencontrer un chasseur qui n'a pas de mission correspondant à votre profil, profitez-en pour valider votre démarche : axe de recherche, changement de secteur, état de tel ou tel marché, niveau de rémunération, etc. Apportez-lui si possible, en échange, de l'information qui l'intéresse.

Le chasseur aura une bonne image de vous si vous répondez toujours à ses appels et que vous lui donnez des noms et des informations le jour où il en a besoin. D'où l'importance de le traiter comme un VIP et de lui laisser une impression favorable.

Un mailing bien ciblé

Ciblez votre mailing chasseurs de têtes et cabinets de recrutement en fonction de votre profil et de votre objectif professionnel. Choisissez le ou les consultants qui sont spécialisés dans votre métier ou dans votre secteur. L'information se trouve sur les sites des cabinets. Inutile d'arroser tout le monde (sauf dans les quelques cabinets où, de notoriété publique, les chasseurs de têtes ne se parlent pas entre eux), vous y passeriez beaucoup de temps, avec le plus souvent un résultat décevant.

Répétez l'opération plusieurs fois par an, car il est judicieux que votre CV soit vu trois ou quatre fois dans l'année, plutôt qu'une seule.

SOIGNEZ LES ATTACHÉS DE RECHERCHE

À défaut d'entrer en contact avec les chasseurs de têtes eux-mêmes, il existe un autre moyen astucieux d'entrer dans la place. Les grands cabinets travaillent généralement avec des attachés de recherche spécialisés par secteur. Ce sont ces personnes qui mènent la recherche des profils potentiels. Contactez-les directement en les repérant sur LinkedIn et faites-en des alliés.

En face du chasseur de têtes

Le chasseur apprécie que son visiteur :

- possède un CV à jour ;

- dise la vérité, rien que la vérité ;
- se souvienne des chiffres et des faits de ses plus récents postes ;
- soit bien dans sa tête et en apparente bonne santé ;
- parle un langage clair, précis et concis ;
- ne résume pas son parcours en deux minutes mais le détaille poste par poste de façon chronologique (il est donc généralement préférable d'éviter les présentations condensées) ;
- ait bien réfléchi à ce qu'il veut et peut faire dans l'avenir ;
- évite de jargonner ;
- ne valide pas la durée de l'entretien au démarrage de l'entretien (vous n'êtes pas en entretien Réseau) ;
- ne demande pas de contacts à la fin de l'entretien (on vous le répète, vous n'êtes pas en entretien Réseau).

CE QUE L'ON NE VOUS DIT PAS

Une majorité de chasseurs de têtes s'abonne à deux bases de données pour chercher leurs candidats : Alinea et EasySearch. Ces deux sites spécialisés compilent les annuaires d'anciens élèves de trois cents écoles et vendent ce service aux cabinets de chasse et de recrutement. C'est pourquoi il est essentiel de payer sa cotisation d'ancien élève si l'on est diplômé d'une école de commerce ou d'ingénieur !

Un bon réflexe trop souvent oublié

Prenez toujours le soin d'envoyer un mot de remerciement après un entretien avec un chasseur de têtes. Remerciez par e-mail le lendemain de votre entretien et non une semaine après ! C'est une question de courtoisie. Cela constitue aussi l'opportunité de marquer des points auprès de lui dans la mesure où vous serez l'un de ses rares visiteurs à le faire. Et, s'il vous a parlé d'une mission qui vous intéresse, c'est une excellente façon de confirmer votre motivation pour le poste évoqué.

LES SAISONS DE LA CHASSE

Dans la chasse de têtes en France, il existe traditionnellement deux périodes favorables : d'avril à juillet ; puis d'octobre à mi-décembre. Cela ne veut pas dire qu'il n'y a pas de chasse en dehors de ces périodes. Cela signifie juste qu'il y en a moins.

N'oubliez pas les chasseurs de têtes étrangers

Si vous cherchez un nouveau poste dans une grande entreprise internationale, je vous conseille vivement d'envoyer votre CV aux cabinets de chasseurs de têtes à Londres, Bruxelles, Francfort, Berlin, Hambourg, Genève, Zurich, Milan, Madrid, New York, Chicago, Hong Kong, Pékin, etc.

À vous simplement de choisir les capitales étrangères les plus pertinentes par rapport à votre objectif professionnel et à vos cibles. Ainsi, si vous ne parlez pas allemand, évitez un mailing incluant les cabinets établis outre-Rhin.

Comprenez bien qu'envoyer votre CV aux grands cabinets internationaux dont les bureaux se trouvent dans le huitième arrondissement de Paris ne suffit pas. En effet, si la mission qui pourrait vous convenir est pilotée par le bureau de Londres, vous risquez de ne pas être contacté par le chasseur de têtes concerné.

Pour vous rendre visible auprès des chasseurs de têtes étrangers :

- Ne limitez pas votre envoi à l'adresse parisienne des cabinets internationaux. Si vous êtes suivi par un cabinet d'*outplacement*, ce dernier vous fournira les listes de contacts à jour.

- À défaut, servez-vous d'Internet pour détecter les cabinets de chasse les plus pertinents pays par pays (il existe des classements locaux).

- Ensuite, allez sur les sites de chaque cabinet ciblé et cherchez le ou les chasseurs qui sont spécialisés dans votre métier ou dans votre secteur.

- Envoyez un e-mail court, accompagné de votre CV (en anglais ou dans la langue du pays ciblé) à la liste de chasseurs de têtes ainsi présélectionnés.

- Établissez et tenez à jour votre tableau de suivi.

- N'hésitez pas, après un délai d'une semaine, à relancer par e-mail les chasseurs de têtes qui n'ont pas répondu à votre premier courriel.

FAIRE D'UNE PIERRE DEUX COUPS

Si vous voulez rencontrer des chasseurs de têtes dans une ville précise, **profitez d'un déplacement programmé pour rester plus longtemps sur place** et prévenez les recruteurs locaux de la date de votre séjour dans leur ville. Ainsi, si vous allez à Londres pour passer un entretien, **prévenez tous les chasseurs de têtes qui vous intéressent que vous êtes disponible pour les rencontrer** pendant les quarante-huit heures où vous prévoyez d'être dans la capitale britannique.

Les fonds d'investissements pour les DG et les DAF

Les fonds d'investissements, dans certains cas précis, peuvent jouer un rôle significatif dans votre recrutement. Les gérants de fonds sont principalement intéressés par des profils de directeurs généraux et de directeurs financiers. Les autres fonctions ne constituent pas leur cœur de cible dans la mesure où, généralement, ils considèrent que c'est au directeur général de choisir, hormis le directeur financier, le reste de l'équipe de direction.

En tant que candidat, les fonds ne vous recevront que si :

- Vous leur apportez un « *deal* », c'est-à-dire une société intéressante à acheter. Dans ce cas, ils peuvent vous proposer d'être *advisor* (simple conseiller) ou *deal manager* (un des hommes clés du projet s'il aboutit). Sachez aussi que le fait d'apporter un dossier ne garantit pas le fait que vous allez mener le *deal* jusqu'au bout avec eux. Ils ont le droit – et ils ne s'en privent pas – de vous laisser sur le bord de la route à tout moment.

- Vous avez une expertise sur un marché et le gestionnaire du fonds cherche de l'information précise – et de qualité – sur ce secteur et ses acteurs. L'associé qui vous reçoit va alors vous poser une multitude de questions et vous presser comme un citron.

- Vous avez un profil professionnel pertinent pour devenir le P-DG, le directeur général ou le DAF de la société que le fonds a en portefeuille ou qu'il vient d'acquérir. Dans ce cas, la situation s'apparente peu ou prou à un recrutement classique.

Attention, les fonds d'investissements ne sont pas des chasseurs de têtes. Ils chassent pour eux-mêmes et n'ont aucun compte à vous rendre.

APPROCHER LES FONDS D'INVESTISSEMENTS

Vous trouverez la liste des fonds d'investissements dans la dernière partie de ce livre, consacrée aux outils, sur Internet ou dans *Le Guide des sociétés de capital-investissement*, édité tous les deux ans aux Éditions du Management.

Pour prendre contact avec eux, l'idéal consiste à utiliser le Réseau. Essayez de trouver des relations connectées avec les fonds que vous voulez rencontrer et bénéficiez de leur introduction.

...

Si vous ne trouvez pas de connecteurs, envoyez un courriel accompagné de votre CV.

N'essayez pas de rencontrer tous les fonds d'investissement. Sélectionnez ceux qui vous paraissent les plus pertinents en termes de positionnement, de portefeuille de participations et de politique d'investissement.

Pensez à TOUJOURS leur envoyer un mot de remerciement bien tourné le lendemain de l'entretien avec eux. Et surtout, ne misez pas toute votre recherche d'emploi sur eux. Même s'ils vous reçoivent avec un sourire engageant.

Les cabinets de management de transition

Si vous cherchez un poste en CDI, vous pouvez légitimement considérer que les cabinets n'ont aucun intérêt pour vous. Mon expérience tempère cet *a priori* pour deux raisons. D'une part, il s'avère que les cabinets de management de transition mènent des missions de chasse classiques confiées par leurs clients fidèles. D'autre part, environ 20 % des missions de transition débouchent sur des CDI, la période d'intérim management faisant en quelque sorte office de période d'essai.

Le management de transition vous offre également la possibilité de réaliser des missions si votre recherche d'emploi s'éternise. Sachez cependant que les grands cabinets de la place (Valtus, EIM, XPM, Boyden, etc.) privilégient une sélection de cadres supérieurs et dirigeants avec lesquels ils ont déjà travaillé. Conclusion : ne négligez pas les cabinets de management de transition dans le cadre de votre recherche d'emploi.

COMMENT LES APPROCHER ?

Prenez la liste des cabinets qui figure dans la partie « outils » de cet ouvrage.

Utilisez votre réseau pour vous connecter à des associés des cabinets ciblés.

À défaut, allez sur le site de chaque cabinet pour trouver le nom du consultant à qui vous allez envoyer votre candidature.

Faites un mailing en exposant votre projet et en joignant votre CV.

Établissez un tableau de suivi et tenez-le à jour.

Relancez les cabinets qui ne vous répondent pas.

Après les avoir rencontrés, pensez TOUJOURS à leur envoyer le lendemain de l'entretien un mot de remerciement.

Job boards

Job board surfing is not job hunting. Soyons clairs : pour un cadre supérieur ou dirigeant, les chances de trouver un poste intéressant sur des sites d'annonces sont faibles. Cependant, ce n'est pas une raison pour les écarter de votre stratégie de recherche, car ils réservent quelquefois de belles surprises. L'essentiel est de leur consacrer un temps limité : pas plus de 10 % de votre temps de recherche d'emploi. Méfiez-vous de la « cyberglande » : les *job boards* ne doivent pas devenir un alibi pour rester chez vous scotché à votre ordinateur et éviter ainsi de sortir rencontrer des interlocuteurs du Réseau.

Identifiez les bons *job boards*

Selon l'Apec, les *job boards* trustent aujourd'hui 85 % des offres d'emploi publiées pour les cadres, donc une grande partie du marché visible. Ils sont alimentés en annonces par les entreprises et les cabinets de recrutement. Il existe plus de mille trois cents *job boards* en France, sans parler des sites d'annonces que l'on peut trouver dans les autres pays. De ce fait, il faut que vous réalisiez une sélection impitoyable des *job boards* que vous allez suivre. Limitez-vous à un maximum de dix sites, c'est amplement suffisant.

Pour les exploiter au mieux :

- identifiez tous les *job boards a priori* intéressants pour vous ;
- visitez-les un par un et vérifiez de leur pertinence ;
- testez ceux sur lesquels vous avez un doute ;
- sélectionnez les sites en cohérence avec votre projet professionnel ;
- déposez votre CV sur les différents sites choisis ;
- créez une alerte assez large sur chacun des sites sélectionnés ;
- jouez à la « voiture-balai » une fois par semaine pour vérifier si des annonces intéressantes ont échappé à vos alertes ; vous verrez que c'est souvent le cas ;
- modifiez tous les quinze jours votre profil et/ou CV sur ces sites pour être continuellement répertorié dans la catégorie « nouveaux profils et/ou CV » ;
- éliminez les sites qui se révèlent décevants et remplacez-les par de nouveaux *job boards* à tester (que le Réseau vous fera découvrir).

L'expérience me conduit à vous recommander de suivre en priorité Cadremploi qui, pour les cadres supérieurs, reste le meilleur pourvoyeur d'annonces de qualité sur le marché français. Sur le podium, j'ajoute l'Apec et Manageurs.com (le site qui est censé récolter les annonces des grandes écoles). Pour mieux couvrir le marché, en fonction de votre profil, je vous conseille d'ajouter à ce trio de tête des sites :

- de type métamoteur ;
- spécialisés ;
- étrangers.

Voici une sélection de *job boards* :

- Cadremploi.fr ;
- Apec.fr ;
- Manageurs.com ;

- Keljob ;
- Exec-appointements.com ;
- CadresOnline.fr ;
- Indeed.fr, Jobijoba, Moovement (métamoteurs) ;
- eFinancialCareers.com (pour les profils financiers).

Sans oublier Linkedin et Viadeo (qui accueillent de plus en plus d'offres d'emploi).

UNE SOURCE D'INFORMATION SUPPLÉMENTAIRE

N'oubliez pas que les sites des cabinets de recrutement ou de certains chasseurs de têtes affichent quelques postes. Faites une sélection des entités les plus intéressantes et pertinentes pour vous et visitez régulièrement leur site. Ce serait trop bête de passer à côté !

Votre CV ou votre profil sur Cadremploi

Pour mettre votre CV sur Cadremploi, il suffit de compléter un formulaire de candidature.

1 - S'inscrire

Il faut simplement remplir sept champs : nom, prénom, coordonnées, formation, langues, expériences professionnelles et salaire. Attention, si vous voulez rester anonyme, pensez à donner une adresse e-mail valide afin de recevoir l'e-mail de confirmation vous rappelant vos identifiant et mot de passe.

2 - Remplir le formulaire CV Cadremploi

Après avoir cliqué sur « CV CADREMPLOI », il faut remplir le formulaire qui comprend cinq pages correspondant aux cinq thèmes de votre CV. Au fur et à mesure que vous complétez les champs, vous visualisez le taux de remplissage de votre CV sur la gauche.

3 - S'inscrire dans la « candidathèque »

Une fois votre CV Cadremploi rempli à 100 %, vous avez le choix entre trois options pour filtrer l'accès à votre CV dans la « candidathèque » utilisée chaque jour par les recruteurs autorisés à consulter cette base de CV.

4 – Faire relire votre profil Cadremploi par un œil neutre

Je vous conseille de prendre l'avis d'un professionnel pour vérifier avec vous que votre profil est le plus pointu possible.

UN CV RENSEIGNÉ À 100 %

Faites bien en sorte que votre CV soit **complet à 100 %**, car les recruteurs effectuent leurs recherches dans la base des CV complets de Cadremploi. Si le vôtre est incomplet, il ne sera pas accessible. J'insiste : **modifiez votre profil Cadremploi tous les quinze jours** pour qu'il figure parmi les profils récents !

Avant de répondre à une annonce

Si la société est identifiable, ne vous précipitez pas pour répondre en ligne ! Utilisez d'abord toutes les ressources de votre réseau pour trouver un informateur ou un connecteur dans la place. Si vous avez la possibilité de faire passer votre CV par un allié en interne qui accepte de vous recommander, vous avez beaucoup plus de chances d'être retenu dans la *short-list*. Ne répondez en ligne qu'en dernier ressort, si vous n'avez pas d'autre choix.

Préparez une réponse efficace à une annonce

Lorsque vous repérez une annonce intéressante, surlignez les mots clés. Sachez que votre lettre d'accompagnement ne sera lue que si votre CV accroche l'œil du recruteur. Aussi, adaptez-le pour qu'il « colle » le plus possible aux prérequis de l'offre d'emploi. De même, évitez de répéter le contenu de votre CV dans la lettre d'accompagnement. Celle-ci vise à achever de convaincre le recruteur de vous rencontrer. Pour cela, mettez-vous à sa place et aidez-le à vous vendre à son client ou à son patron. Parlez-lui du présent et de l'avenir. Pas du passé.

Lorsque vous répondez à une annonce, vous allez être noyé dans les deux cents à cinq cents réponses que le recruteur va recevoir. À ce stade, soit la sélection est réalisée par un logiciel qui va filtrer tous les CV à la recherche des mots clés et les classer du premier au dernier. Soit la sélection est humaine et, le chargé de recrutement va passer quinze à vingt secondes sur chaque CV dans le but d'éliminer un maximum de candidats.

Vous l'avez compris, quelle que soit la méthode employée, si votre CV ne correspond pas à 85 %-90 % aux prérequis de l'annonce, vous n'avez aucune chance.

UN RÉFLEXE DE PRO

Lorsque vous détectez une annonce qui ne correspond pas à votre projet, mais qui concerne un secteur ou une entreprise que vous ciblez, repérez (si possible) le cabinet ou le consultant émetteur de l'offre d'emploi. Envoyez-lui un message accompagné de votre CV, non pour postuler au poste de l'annonce, mais pour vous faire connaître de ce professionnel du recrutement qui travaille pour une entreprise ou un secteur qui vous intéresse.

Sachez écrire des lettres de réponse à annonce

Les recruteurs vont lire votre lettre de réponse à annonce pour :

- comprendre votre motivation pour le poste ;
- vérifier votre bonne compréhension des enjeux du poste et de l'entreprise ;
- tester votre rigueur, votre professionnalisme et votre sérieux.

Aussi, si vous écrivez une lettre de réponse à annonce, soignez-la. En effet, une lettre banale, peu soignée, truffée de fautes de frappe ou d'orthographe, entraîne l'ensemble de votre candidature au fond de la poubelle. La lettre de réponse à annonce répond à la règle des trois paragraphes :

- Le premier consiste à résumer les points clés de l'annonce à laquelle vous répondez.
- Le deuxième permet de développer en quoi vous correspondez au profil recherché. Il ne s'agit bien évidemment pas de répéter le contenu de votre CV.
- Le troisième propose une rencontre avec le recruteur à une date laissée à sa convenance.

Prenez soin de bien nommer votre CV

Dans la mesure où vous allez envoyer un certain nombre de CV, facilitez la vie des recruteurs – et la vôtre – en titrant votre CV de la façon suivante :

1. *Hervé Bommelaer CV – 02.03.14*

Ou

2. *Hervé Bommelaer CV pour Directeur Général secteur aéronautique*

Dans le premier cas, faites très attention à mettre à jour la date de votre CV à chaque envoi. Et faites en sorte de faire une copie du CV envoyé pour chaque piste détectée. Il est en effet très désagréable de ne plus savoir quelle version du CV a été envoyée à une entreprise qui vous convoque pour un entretien d'embauche...

Dans la seconde solution que je propose, reprenez bien le titre exact de l'annonce.

Ne répondez pas à une annonce si :

- vous ne correspondez pas à 85 %-90 % au profil recherché ;
- le salaire est très nettement en dessous de vos prétentions ;
- vous n'avez pas quatre pattes solides par rapport au mouton à cinq pattes recherché ;
- le poste est sous-qualifié par rapport à vos compétences.

SÉLECTION ET APPLICATION

Sachez que les recruteurs qui passent des annonces récupèrent entre deux cents et sept cents réponses et ne sélectionnent au maximum qu'une quinzaine de CV pour un premier entretien exploratoire au téléphone. Conséquence : si votre CV n'est pas un quasi-copier-coller du descriptif de poste, vous n'aurez aucune chance d'être retenu dans la *shortlist*... et vous risquez de ne jamais recevoir de réponse. Moralité : **ne perdez pas votre temps et votre énergie à répondre mécaniquement à beaucoup d'annonces.** Soyez sélectif et soignez votre courriel d'accompagnement.

Assurez toujours le suivi de vos réponses à annonces

La plupart des cadres supérieurs ou dirigeants qui répondent à des annonces *via* les *job boards* ne prennent pas la peine d'effectuer un suivi téléphonique de leur candidature. Erreur !

L'expérience nous montre que lorsque le suivi est possible (pour cela, il faut au moins connaître le nom du recruteur du cabinet ou de l'entreprise), les chances d'obtenir un rendez-vous sont multipliées par trois. Un conseil : avant de téléphoner, préparez votre script d'appel et anticipez les principales objections possibles. Cela optimisera l'efficacité de votre démarche.

Lettres d'approche directe et candidatures spontanées

Envoyez des lettres d'approche directe dans certains cas précis

Si vous n'arrivez pas à rencontrer les sociétés ciblées *via* le Réseau, il convient de recourir à l'envoi de lettres d'approche directe, c'est-à-dire un courrier très ciblé sans ajout de CV. Celles-ci se distinguent d'une candidature spontanée par le fait qu'elles sont très bien informées et qu'**elles ne comportent pas de CV joint.** Elles nécessitent une importante préparation, car elles doivent accrocher l'attention du lecteur et l'inciter à vous recevoir.

Ciselez une lettre d'approche directe

✗ **Ciblez** quelques entreprises dans lesquelles vous désirez travailler et auxquelles vous pourriez apporter une réelle valeur ajoutée.

✗ **Renseignez-vous** soigneusement sur les enjeux et problématiques de chaque entreprise ciblée, ce qui constitue un important travail d'enquête et de synthèse. Notez que le Réseau peut vous aider dans cette démarche d'information.

✗ **Rédigez** une lettre dactylographiée d'une page – de préférence à un e-mail – à destination du décideur (N + 1 ou N + 2 potentiel) **et non de la DRH**.

✗ **Mettez en avant**, dans ce courrier, comment votre expertise et votre expérience peuvent apporter un vrai avantage concurrentiel à l'entreprise, ou résoudre une ou plusieurs de ses problématiques actuelles.

En termes de résultats, on constate que la lettre d'approche directe permet d'obtenir entre 10 % et 15 % de « retours » positifs.

Envoyez des candidatures spontanées en dernier recours

Lorsque l'activation du Réseau ne vous permet pas de toucher des cibles clés et que vous n'avez pas assez d'éléments pour écrire des lettres d'approche directe, il est recommandé de lancer une vague de candidatures spontanées. Il s'agit classiquement d'une lettre de motivation accompagnée d'un CV. Certains consultants en *outplacement* considèrent que cette méthode n'est pas digne d'un cadre supérieur ou dirigeant. Ils ont tort, car plusieurs de mes clients ont trouvé un poste par ce moyen. Cela n'est certes pas l'approche la plus noble et la plus efficace, mais ce vecteur doit être pris en compte si la situation s'y prête et si la recherche d'emploi commence à se prolonger.

Faites la différence

Une bonne façon de faire la différence à l'heure du numérique consiste à envoyer vos candidatures spontanées par **courrier**

postal. En effet, si vous faites votre envoi par e-mail, vous serez le cent vingt-quatrième courriel de la journée, alors que si vous passez par les services de La Poste, vous avez de fortes chances d'être la lettre de la semaine. Or, c'est la rareté qui crée l'impact. Choisissez un papier à lettre et des enveloppes de qualité, de beaux timbres, et soignez tout particulièrement votre style et votre mise en forme.

La quantité nécessaire

Quand vous lancez une campagne de candidatures spontanées, vous devez absolument jouer l'effet du nombre. Partez du principe que le taux de retour positif dans ce type d'action se situe entre 0 et 3 % du total. Prévoyez d'envoyer cinquante courriers au minimum pour espérer décrocher un ou deux entretiens. Si vous arrivez à cent, c'est évidemment mieux. Sachez aussi que dans la mesure où la durée de vie d'une lettre est très courte (de l'ordre de quelques jours), vous pouvez renouveler cette opération plusieurs fois dans l'année… sur les mêmes cibles, mais en changeant les destinataires quand c'est possible.

Structurez votre lettre de motivation

La lettre de motivation est un exercice simple si on connaît les règles du jeu. Elle doit être une incitation à l'action et convaincre votre lecteur de vous rencontrer. Si vous la rédigez sous un format de lettre, vous devez faire figurer en haut et à gauche :

- votre prénom et votre nom (évitez la formule « nom » suivi du « prénom ») ;
- votre adresse postale ;
- votre adresse électronique ;
- votre numéro de téléphone portable.

La date est indiquée en haut à droite du précédent pavé.

Les coordonnées du recruteur (civilité, prénom, nom, poste, nom de l'entreprise, adresse postale) occupent un pavé plus bas sur la droite.

L'objet est écrit en dessous à gauche.

À la fin de la lettre, utilisez une formule de politesse classique (« Je vous prie d'agréer, Monsieur, mes salutations distinguées ») plutôt que « Très cordialement », car a priori vous ne connaissez pas le destinataire…

Optimisez votre lettre de motivation

La lettre de motivation prend désormais souvent la forme d'un e-mail. Dans cet exercice, il ne s'agit pas de faire de la littérature, mais d'être direct et d'entrer rapidement dans le vif du sujet.

Le style de votre lettre doit être simple et fluide. Écrivez des phrases courtes et claires. Votre lettre doit donner une première idée de votre personnalité. Elle doit dégager une réelle énergie et donner envie de vous rencontrer.

Rédiger une bonne lettre prend du temps ! Soyez particulièrement attentif aux mots utilisés pour parler le même langage que le recruteur.

Comme nous l'avons déjà souligné, votre lettre ne doit pas être une reformulation de votre CV. La lettre de motivation ne poursuit qu'un seul objectif : décrocher un rendez-vous avec la personne qui pourrait vous recruter. C'est dans la lettre que vous pouvez montrer que vous avez une vision de votre secteur et du métier. Parlez compétences techniques, polyvalence, capacité à encadrer, sens de l'organisation, méthode, efficacité. Et finissez bien sûr en évoquant votre intérêt/disponibilité pour une prochaine rencontre.

Réseautage

80 % = 80 %

En règle générale, on constate qu'un cadre supérieur ou diri-geant accompagné en *outplacement* a 80 % de chances de trou-ver son nouveau poste *via* le Réseau. Ce chiffre peut être infé-rieur – ou supérieur – en fonction de l'âge, du niveau de salaire, du poste recherché, etc. Quoi qu'il en soit, le *Networking* constitue le vecteur le plus performant pour décrocher un nouvel emploi pour un « top manager ». Moralité : vous devez passer 80 % de votre temps de recherche à faire efficacement du « Réseautage » !

L'approche Réseau en recherche d'emploi

La démarche de *Networking* orientée recherche d'emploi consiste à se rendre visible et lisible auprès du marché caché, c'est-à-dire avoir accès à cette mine de postes qui ne font jamais l'objet de communication, et qui sont pourvus par le bouche-à-oreille.

Votre objectif est de rencontrer un maximum de veilleurs, d'informateurs, de connecteurs, de prescripteurs et, *in fine*, de décideurs dans l'écosystème défini par votre projet, votre profil professionnel et vos cibles.

Cette technique est très particulière et ne peut pas s'improviser. Pour en connaître tous les détails, je vous conseille de lire mon livre *Trouver le bon job grâce au Réseau*[1]. Voici, en synthèse, les principaux points à retenir pour réseauter efficacement.

COMMENT PROCÉDER ?

Commencez par rencontrer des personnes de votre premier cercle, c'est-à-dire celles que vous connaissez. Faites en sorte de sortir de ces rendez-vous avec des noms de personnes que vous pouvez contacter de leur part afin d'élargir rapidement votre réseau et d'accroître ainsi votre visibilité.

Ayez un projet clair

Ne faites pas d'entretiens Réseau si votre projet professionnel n'est pas encore verrouillé et affûté ! Ce serait le plus sûr moyen de griller des contacts précieux, d'autant plus que le *Networking* est un fusil à un coup.

Votre projet doit être :

- simple ;
- réaliste ;
- réalisable ;
- clairement exprimé : méfiez-vous des formulations alambiquées que personne ne va comprendre ;
- mémorisable.

Et surtout, votre projet doit **donner envie** à votre interlocuteur de vous aider ; c'est votre énergie et votre force de conviction qui vont faire la différence.

---

1. Eyrolles, 2012, 4ᵉ éd.

Ne présentez qu'un seul projet

Devant un interlocuteur Réseau, ne lui parlez que d'un projet. Si vous avez deux projets différents en tête, ne parlez que du projet numéro un aux personnes du réseau qui sont pertinentes par rapport à ce dernier ; et n'évoquez le projet numéro deux que devant les individus pouvant vous faire avancer sur cette alternative. Si vous évoquez deux – voire trois projets – vous allez embrouiller votre interlocuteur et ce dernier risque de ne pas vous aider autant qu'il aurait pu.

Identifiez des cibles précises

Dans le « réseautage » orienté recherche d'emploi, vous devez absolument identifier une liste de cibles. Il s'agit des entreprises – ou des entités – dans lesquelles vous aimeriez travailler. En effet, le réseau efficace se conduit en mode proactif : c'est à vous d'aller vers vos cibles, car, généralement, ce ne sont pas elles qui viendront à vous.

Commencez par lister deux ou trois secteurs prioritaires sur lesquels vous allez orienter votre recherche d'emploi. Ensuite, au sein de ceux-ci, recherchez les entreprises qui vous intéressent et notez-les. Il s'agit non seulement des entités qui sont évidentes et légitimes pour vous, mais aussi de celles qui vous donnent envie. Essayez de lister entre quinze et vingt-cinq entreprises par secteur. Ciblez aussi l'écosystème de vos cibles : les salariés, les fournisseurs, les clients, les consultants, les agences de communication, les commissaires aux comptes, etc.

Sachez que les consultants donneront toujours la priorité à l'un de leurs anciens clients. Ainsi, certains grands groupes publicitaires accueillent en leur sein d'anciens clients hors poste pendant leur recherche d'emploi en leur fournissant bureau et assistance, et en organisant des réunions de travail en groupe !

Dépassez votre réseau primaire pour rencontrer vos réseaux secondaire, tertiaire, etc.

Dans le « réseautage » en recherche d'emploi, on constate que ce n'est pas dans le premier cercle que l'on trouve le bon job. C'est plus généralement dans les deuxième, troisième, voire quatrième cercles qu'on le détecte et le décroche. Conséquence : il est essentiel de ne pas rester englué dans son premier cercle qui constitue, pour certains, une zone de confort. Et le meilleur moyen de passer d'un cercle à un autre, c'est la recommandation, c'est-à-dire la possibilité de prendre contact avec une personne inconnue de la part d'une connaissance commune.

CIBLEZ LES SUPER ALLIÉS

L'expérience nous a appris que trois catégories de personnes constituent des contacts Réseau de grande valeur pour vous :

- d'anciens chercheurs d'emploi, à présent en poste, qui ont connu les affres de la recherche d'un poste et apprécié le soutien du Réseau ;
- de jeunes retraités qui s'ennuient, ont encore un bon réseau et sont ravis de se rendre utiles ;
- vos anciens fournisseurs, consultants, conseils, publicitaires, etc., qui se disent qu'en vous aidant, ils risquent de gagner un client le jour où vous retrouverez un poste.

Utilisez l'arme absolue pour rencontrer de nouvelles personnes : la recommandation

Dans le Réseau, vous pouvez rencontrer qui vous voulez si vous disposez d'une bonne recommandation. Soyons très clairs : le plus souvent, la personne qui ne vous connaît pas ne voit pas l'intérêt qu'elle a de vous rencontrer. Elle ne va accepter de vous recevoir que dans la mesure où vous venez de la part d'une connaissance commune. Aussi, lorsqu'on vous donne le nom d'une personne intéressante à contacter dans le cadre de votre recherche d'emploi, ayez toujours le réflexe de poser la question suivante : « *Puis-je l'appeler de votre part ?* » ou « *Puis-je le contacter de votre part ?* ». Il faut que votre connecteur vous réponde par l'affirmative. Fort de cette réponse positive, vous pouvez aller plus loin en demandant : « *Et si je le contacte de votre part, pensez-vous qu'il aura le temps de me recevoir ?* » Si vous obtenez un second « oui », vous êtes en état d'appel chaud et avez neuf chances sur dix d'être reçu.

Pas de « reco » au frigo

Un bon conseil : si on vous donne un contact Réseau, appelez-le vite. Dans les quatre jours qui suivent. En effet, imaginons que vous veniez de me rencontrer dans le cadre d'une démarche Réseau et qu'à la fin de l'entretien je vous conseille de contacter de ma part Madame X et Monsieur Y. Compte tenu d'un agenda chargé, vous décidez de ne pas les appeler tout de suite et de mettre ces deux contacts potentiels « au frigo ». Il s'avère que de mon côté, je déjeune avec Madame X quinze jours après et joue au golf avec Monsieur Y dans les jours qui suivent. Et ces deux personnes me disent que vous ne les avez pas contactés… Que vais-je alors penser de vous ?

Sachez demander ce que l'on peut vous donner : tout sauf un job

Le plus sûr moyen de ne rien obtenir, consiste à ne rien demander. Cette loi se vérifie parfaitement dans le cadre du « Réseautage ». Il faut donc DEMANDER. Et vous pouvez tout demander, **tout sauf un job** !

Vous pouvez demander :

- des conseils sur l'approche d'un secteur précis ;
- de l'information sur un secteur, voire un métier ;
- la validation de la transférabilité de vos compétences dans un autre secteur ;
- la vision du secteur de votre contact ;
- la validation de votre ciblage ;
- des conseils sur votre recherche d'emploi ;
- etc.

Si vous demandez un job

Dans ce cas, vous vous exposez à deux réponses classiques :

- Votre interlocuteur vous répond qu'il n'y a pas de recrutement en cours et que, de ce fait, il ne voit pas l'intérêt de vous rencontrer (puisque vous lui demandez quelque chose qu'il ne peut pas vous donner).
- Votre contact vous propose de prendre contact avec la DRH (qui vous demandera d'envoyer un CV…) ou vous demande votre CV pour le transmettre à la DRH. Vous quittez alors la démarche Réseau pour revenir à une candidature spontanée classique. Mauvaise pioche.

Contactez vos interlocuteurs pour obtenir des rendez-vous physiques

La prise de contact peut s'effectuer :

- Par e-mail, ce qui permet de bien calibrer sa demande avant de l'envoyer. Mais si vous envoyez un courriel pour demander un rendez-vous, écrivez à la fin de votre texte : « *Si vous êtes d'accord sur le principe de ce rendez-vous, je vous propose d'appeler votre secrétariat sous quarante-huit heures pour fixer un jour et une heure à votre convenance. »* Si vous n'ajoutez pas cette mention et que vous espérez que votre interlocuteur cible vous appelle ou vous réponde par écrit, vous risquez d'attendre longtemps. Ensuite, à vous d'appeler bien sûr !

- Par téléphone, ce qui est plus difficile, mais plus rapide. Si vous choisissez cette solution, je vous conseille :
  - de préparer votre appel ;
  - d'écrire votre script d'appel et de le respecter ;
  - de grouper vos appels (en commençant par le plus facile et en finissant par le plus difficile).

À chacun d'opter pour la méthode qui lui convient le mieux !

Gérez l'assistante

Quoi que vous fassiez, vous serez souvent obligé d'entrer en contact avec l'assistante de l'interlocuteur que vous désirez rencontrer. Dans ce cas :

- traitez-la avec beaucoup de considération ;
- soyez transparent, n'essayez pas de la court-circuiter ;
- insistez bien sur le nom de la personne de la part de laquelle vous appelez ; ce nom constitue votre principal atout pour obtenir l'entretien ;
- si elle vous dit qu'elle va en parler à son patron, proposez-lui de lui envoyer un e-mail pour faciliter les choses.

« Performez » en entretien Réseau

L'entretien Réseau n'est pas un entretien de recrutement. Il n'a pas pour but premier de vous vendre. L'entretien Réseau nourrit deux objectifs :

- un objectif affiché : bénéficier de conseils, récupérer des informations, identifier des pistes de recherche, générer des idées de cible, etc. ;
- un objectif masqué : récupérer, à la fin de l'entretien, des contacts pour pouvoir rebondir dans le Réseau.

Dans un entretien d'embauche, c'est le recruteur qui conduit l'échange. Dans un entretien de *Networking*, c'est vous qui tenez le volant.

Restez maître du temps

Vous êtes en charge du temps. En effet, il est essentiel qu'en début d'entretien, vous vérifiiez le temps que vous accorde votre hôte, car il faudra faire en sorte d'interrompre l'entretien cinq minutes avant la fin du temps imparti pour pouvoir demander des noms de nouvelles personnes à contacter. Si vous ne procédez pas de la sorte, vous risquez de sortir de vos entretiens Réseau sans avoir obtenu de nouveaux contacts et de voir ainsi votre démarche *Networking* s'interrompre.

Assurez un suivi « nickel chrome »

Pour un cadre supérieur en transition de carrière, le Réseau représente 70 à 95 % de ses chances de retrouver un bon poste. Voilà une excellente raison d'être particulièrement vigilant dans le suivi méticuleux de ses contacts Réseau. Rencontrer des interlocuteurs dans le cadre de sa recherche d'emploi est une chose aisée. L'art de maintenir intelligemment le contact avec eux distingue le bon « réseauteur » de l'amateur.

Si vous faites du *Networking* « Kleneex » (je rencontre, je prends l'info et les contacts et j'oublie la personne qui m'a reçu), vous avez tout faux. L'essentiel dans l'activation du Réseau en recherche d'emploi consiste à maintenir le lien dans la durée avec les personnes rencontrées. Car si les cinquante personnes rencontrées se souviennent de vous à un instant t, cela fait cinquante veilleurs d'opportunités qui travaillent pour vous !

Soyez un bon « réseauteur »

Le piètre « réseauteur » se distingue par sa propension à utiliser les contacts qu'on lui donne, à rencontrer les interlocuteurs clés recommandés et... à disparaître. Par méconnaissance des règles ou par paresse, il n'assure en effet aucun suivi auprès de ses contacts.

Le bon « réseauteur » ne fait jamais de réseau jetable. Il vous remercie par e-mail le lendemain de votre rencontre. Il vous tient au courant du résultat des rendez-vous obtenus grâce à vous. Il vous donne régulièrement de ses nouvelles pendant sa recherche d'emploi. Il pense à vous envoyer de l'information pertinente sur votre secteur. Il vous remercie personnellement lorsqu'il décroche enfin un poste. Chaque année, il vous envoie une carte de vœux. Et le jour où c'est à votre tour de pointer à Pôle emploi, le bon « réseauteur » est là pour vous aider... à retrouver un job grâce au Réseau.

Soyez particulièrement bien organisé

Le réseautage en recherche d'emploi est chronophage. Aussi, si vous voulez être efficace, vous devez être parfaitement organisé. Voilà votre trousse à outils :

- cartes de visite sobres et de qualité avec votre nom et vos coordonnées que vous donnez en début de rendez-vous Réseau pour récupérer la carte de visite de votre interlocuteur du jour ;
- fiche Réseau ou fiche contact (voir le modèle dans les outils) ;

- tableau de suivi (ou logiciel de suivi du type Jobfinder.fr) de votre réseau et de votre recherche d'emploi ;
- Profil LinkedIn (et Viadeo) et compte Twitter.

Dans une semaine active, vous devez arriver à une moyenne de cinq à dix entretiens Réseau. Le chiffre de douze peut être considéré comme un maximum. En moyenne, on trouve un poste au bout de soixante-dix à quatre-vingts entretiens Réseau. Attention, ce n'est qu'une moyenne. Cela signifie que si vous ne faites qu'un entretien de *Networking* par semaine, il vous faudra soixante-dix à quatre-vingts semaines pour décrocher un poste...

Allumez le feu

Pour le « réseauteur » averti, il existe un instant magique qu'il est important de bien connaître pour savoir le provoquer. J'appelle ce moment clé le « point d'ignition ». De quoi s'agit-il ? Vous devez appeler un contact Réseau que vous ne connaissez pas de la part d'une relation commune. Vous avez peu de chances d'enthousiasmer votre interlocuteur au téléphone. Dites-vous bien que, s'il accepte de vous recevoir, c'est à cause du connecteur qui vous a mis en relation avec lui... En revanche, lors de l'entretien Réseau, quand vous vous retrouvez en face de votre hôte, c'est à vous de déclencher le « point d'ignition », ce moment où votre interlocuteur va passer d'une écoute polie à un véritable intérêt pour votre projet.

Si vous arrivez à capter l'attention et l'intérêt de votre interlocuteur, il entre dans votre « bac à sable ». Il est prêt à prendre le seau et la pelle et faire le pâté de sable avec vous. C'est l'instant magique où vous pouvez vous faire un nouvel allié dans votre recherche d'emploi. À la fin de l'entretien, c'est le moment où jamais de repartir de son bureau avec des noms de personnes à contacter de sa part. D'une situation de contact froid, vous êtes passé à un état de contact chaud. L'interlocuteur Réseau s'intéresse à votre projet, s'y implique et a envie que vous réussissiez. Il est prêt à vous aider. Vous avez gagné.

Activez les réseaux existants

Le meilleur conseil que l'on puisse donner en période de transition de carrière est de ne surtout pas s'isoler. Plus que jamais, il faut intégrer et participer activement à d'autres réseaux :

* *alumni* d'écoles ;
* *alumni* d'entreprises ;
* réseau métier ;
* réseau féminin ;
* réseau de recherche d'emploi.

Utilisez la force du groupe

La pire des choses en recherche d'emploi, c'est la solitude. Pour éviter de vous retrouver seul dans cette période difficile et incertaine, une seule solution : rejoindre un groupe ou un réseau de chercheurs d'emploi.

Si vous êtes suivi par un cabinet d'*outplacement*, il est indispensable de participer aux ateliers, aux séances d'entraînement collectif, aux conférences, aux pots de départ et aux groupes d'activation.

Si vous ne bénéficiez pas de ce type de prestation, utilisez l'association d'anciens élèves de votre école ou rejoignez des structures associatives d'accompagnement à la recherche d'emploi animées par des bénévoles comme l'Avarap, Oser, Acte, Oudinot, Daubigny, Dynamicadres, l'Uff, etc. Il en existe des centaines réparties dans toute la France. Et ces associations effectuent un travail formidable.

Une fois intégré dans l'un de ces groupes, soyez actif : suscitez les échanges. Donnez et recevez. Captez l'énergie du groupe et diffusez-la à l'extérieur lors de vos entretiens réseau et de recrutement. Aidez les autres pour qu'ils aient envie de vous aider. Un pour tous, tous pour un : le premier réseau efficace pour vous se trouve au sein de votre groupe d'activation.

Soignez votre présence sur Internet et votre « e-réputation »

Ne pas savoir utiliser efficacement Internet dans le cadre d'une recherche d'emploi constitue un lourd handicap. Aussi, si vous avez des lacunes en la matière, c'est le moment de vous mettre à la page.

Premier réflexe à avoir : si je tape votre nom sur Google, qu'est-ce qui apparaît ? Faites l'exercice en écrivant votre prénom et votre nom entre des guillemets. Complétez cette recherche en faisant la même recherche sur 123people, Youseemii et Webmii. Vérifiez que votre image numérique est à jour, professionnelle, moderne, adaptée à votre positionnement. Si ce n'est pas le cas, travaillez ce point précis avec une personne compétente en la matière.

Vérifiez également sur « Google Images » que vos photos sont cohérentes avec l'image professionnelle que vous voulez donner. Faites en sorte d'avoir la même photo (ou la même série de photos) sur les différents sites où vous êtes présent.

Utilisez intelligemment les réseaux sociaux

Les réseaux sociaux sur Internet sont devenus incontournables. Mettez-les au service de votre stratégie de recherche d'emploi. C'est le mode de mise en relation qui s'est le plus développé ces dernières années.

Maîtrisez LinkedIn et Viadeo

Aujourd'hui, il n'y a pas photo : un cadre supérieur ou dirigeant en recherche d'emploi doit être sur LinkedIn et Viadeo.
Les meilleurs professionnels de l'*outplacement* le clament haut
et fort, car ils constatent que leurs candidats sont contactés par
des recruteurs grâce à ces deux plateformes. Toutefois, figurer
sur ces sites de « réseautage » en ligne est une chose, y être
présent de façon professionnelle et efficace en est une autre.

✘ Soignez la rédaction de votre profil ; évitez les fautes de
frappe et d'orthographe.

✘ Ayez un profil rempli à 100 % pour maximiser son
référencement.

✘ Intégrez-y tous les mots clés importants (et leurs syno-
nymes) pour être repéré par un recruteur.

✘ Faites-y figurer une excellente photo professionnelle de vous.

✘ Écrivez en français sur Viadeo.

✘ Rédigez votre profil en anglais sur LinkedIn, puis faites une
version en français.

✘ **Personnalisez** l'**URL** de votre profil professionnel.
L'intérêt ? Cela améliorera votre visibilité sur le Web et notamment sur les moteurs de recherche.

✘ Réfléchissez bien à votre titre, car c'est sous cette
« étiquette » que vous serez recherché et catalogué par les
recruteurs potentiels.

✘ **Ciselez le descriptif de votre parcours.** Choisissez avec
soin les mots clés qui vous permettront d'être visible, repéré et
contacté. Il peut s'agir de compétences précises, de domaines
professionnels pointus ou de terminologies professionnelles
spécifiques. Méfiez-vous des banalités et des clichés.

✘ Obtenez des recommandations de personnes ayant travaillé avec vous ces dernières années. Demandez les. Relisez-les soigneusement avant de les publier. N'en abusez pas : trop de recommandations tuent la recommandation.

✘ Connectez-vous d'abord à votre réseau existant (collègues de travail passés et actuels, camarades d'école et d'université, clients, fournisseurs) avant de vous mettre en relation avec des personnes que vous ne connaissez pas.

✘ **Personnalisez vos messages pour vous connecter aux autres membres.** Évitez absolument les messages standards proposés par ces plateformes et rédigez un message personnalisé pour chaque demande de contact.

✘ N'acceptez de vous mettre en relation avec des inconnus que s'ils font partie de votre écosystème professionnel ou si vous comptez les rencontrer.

✘ Nettoyez tous les trois mois votre carnet d'adresses en supprimant les contacts que vous considérez comme non pertinents. Rassurez-vous, ils ne seront pas prévenus !

✘ Inscrivez-vous à des groupes cohérents avec votre métier et votre expertise.

✘ Participez aux forums… mais de façon pertinente.

✘ Consultez régulièrement les annonces qui paraissent sur ces deux sites.

✘ Utilisez les applications Slideshare, Amazon.com, Twitter, etc.

✘ Mettez-vous en relation avec les recruteurs qui viennent regarder votre profil.

✘ Repérez sur ces deux sites des personnes intéressantes à connaître dans le cadre du Réseau et contactez-les pour les rencontrer… physiquement.

✘ Suivez avec beaucoup d'attention les innovations régulièrement proposées par ces deux sites.

✘ Ne devenez pas un « accro » de LinkedIn et Viadeo, car… une poignée de clics ne remplace pas une poignée de main !

Prenez de l'avance sur vos compétiteurs : soyez sur Twitter

Twitter est un outil de microblogging qui permet de s'exprimer en cent quarante signes. Un *tweet* a le format d'un texto. De plus, il est facile de se connecter depuis un ordinateur, une tablette numérique ou un téléphone portable.

Une fois votre compte Twitter créé – cela prend quelques minutes –, vous pouvez :

- suivre d'autres utilisateurs qui twittent en vous abonnant à leur profil (vous êtes alors leur *follower*) ;
- twitter vous-même sur les sujets dans votre domaine d'expertise ; vous serez suivis par les personnes qui vont s'abonner à votre profil (vos *followers*) ;
- retwitter vous-même à vos *followers* les tweets intéressants trouvés sur les profils que vous suivez.

Notez bien qu'à la différence de LinkedIn et de Viadeo, tout est public sur Twitter : ce que l'on twitte, qui l'on suit, par qui l'on est suivi.

Un formidable réseau d'information, rapide et réactif

Twitter se révèle pertinent pour un cadre supérieur ou dirigeant en transition de carrière qui désire rester à l'affût d'informations liées à sa démarche de recherche d'emploi. Il lui suffit de s'abonner à des comptes d'experts de son métier et/ou de son secteur, de cabinets d'*outplacement*, de recruteurs en entreprises et de cabinets de chasse de têtes. Même si vous n'avez rien à dire, il est intéressant de vous connecter, car, en tant que *follower*, vous aurez accès à une information correspondant à vos centres d'intérêt professionnels. Les chiffres en témoignent : quatre utilisateurs sur dix ne publient rien et plus de 80 % du contenu est produit par 20 % des inscrits.

Je vous encourage vivement à vous inscrire sur Twitter, car c'est une excellente façon de suivre l'actualité de votre secteur et de votre métier. L'essayer sérieusement, c'est l'adopter à vie.

Négociation, intégration et accompagnement

Négociation

Préparez votre négociation de salaire

Une négociation de salaire ne s'improvise pas. Dans l'idéal, elle se produit à la fin du processus d'embauche. C'est la situation idéale, car dans ce cas, l'entreprise vous a choisi et aura *a priori* du mal à revenir sur sa décision. Quoi qu'il en soit, anticipez la discussion en faisant votre travail à la maison. Étudiez les enquêtes de salaires réalisées chaque année par les magazines économiques (*L'Expansion, Capital, L'Entreprise*, etc.). Interrogez aussi des personnes de confiance (consultants en *outplacement*, chasseurs de têtes, DRH, etc.) qui peuvent vous donner de précieuses indications.

Négociez votre salaire

Ne négociez votre salaire qu'avec le décideur final. Vous avez bien entendu le droit de négocier votre salaire. J'ai accompagné plus de deux cents cadres supérieurs et dirigeants dans leur négociation de salaire et je n'ai connu qu'un seul cas où une DRH a retiré son offre, car mon client osait discuter la proposition de l'entreprise.

Dans la négociation, on considère généralement que le premier qui annonce un chiffre a perdu. Ce qui est important pour mener efficacement la discussion sur votre future rémunération, c'est de savoir quel est votre plancher, c'est-à-dire le niveau de salaire minimum en dessous duquel vous n'accepterez pas de descendre. Dans la discussion, utilisez une arme redoutable : le SILENCE !

Sachez aussi que vous risquez de garder longtemps ce salaire d'embauche. Les promesses orales de substantielles augmentations à court terme ne valent rien...

Négociez les autres éléments du package

Si la rémunération constitue le cœur de la négociation, n'oubliez pas de discuter les autres éléments du package ! Cependant, n'entamez cette négociation supplémentaire que lorsque celle concernant le salaire est terminée. Voici une liste non exhaustive des éléments de package négociables :

- une voiture de fonction ;
- un ordinateur portable ;
- une tablette numérique ;
- un smartphone ;
- une retraite chapeau ;
- un montant mensuel de notes de frais ;
- la suppression de la période d'essai ;
- un *welcome pack* (prime d'arrivée) ;
- un parachute pendant la première année (ou les deux premières années) de collaboration ;
- le versement garanti d'une partie ou de la totalité de votre rémunération variable la première année ;

- la reprise de votre ancienneté par votre nouvelle entreprise ;
- une augmentation programmée (engagement écrit) ;
- une assurance-chômage si vous êtes mandataire social ;
- des vacances payées dès la première année ;
- les frais du déménagement si vous devez changer de domicile ;
- les déplacements pour rejoindre votre famille le week-end si celle-ci réside toujours dans votre ancienne ville.

Vous voyez, la liste est longue… Un conseil : n'essayez pas de tout obtenir !

Accepter ou refuser une offre

Une fois que vous avez l'offre en main, c'est à VOUS, et à personne d'autre (conjoint, consultant, ami, etc.), de prendre la décision d'accepter ou de refuser.

Dans le cas le plus favorable – qui se produit plus fréquemment que l'on ne pense –, vous pouvez avoir deux contrats entre les mains. Le jeu consiste alors à comparer les deux propositions sur des bases objectives et subjectives. Prenez une feuille de papier et listez les quinze critères clés pour juger du poste. Écoutez aussi votre intuition ! Lorsque l'un de mes clients me fait part d'un malaise non explicable par rapport au poste proposé, l'expérience m'a appris à me méfier.

Si vous acceptez, envoyez un mot personnalisé à toutes les personnes qui ont fait partie du processus de recrutement. Remerciez-les et exprimez une nouvelle fois votre enthousiasme et votre motivation à rejoindre votre nouvelle entreprise et son équipe. N'ayez pas peur d'en faire trop.

Si vous refusez, faites-le avec élégance, car le monde est petit et a souvent bonne mémoire. Téléphonez aux personnes clés dans le processus de recrutement pour leur expliquer la raison de votre refus. Si la raison n'est pas avouable, trouvez-en une qui soit acceptable.

Si vous n'êtes pas retenu

Il est toujours difficile d'accepter de ne pas être retenu pour un poste que l'on convoitait, mais cela fait partie du jeu. La plupart des candidats s'empressent d'oublier leur mauvaise fortune et passent rapidement à autre chose. Ne faites pas comme eux. Prenez le temps de fermer élégamment la piste car on ne sait jamais… Prenez acte de la décision, n'exprimez pas votre amertume. Soyez beau joueur : remerciez les recruteurs – chasseur de têtes et/ou décideur(s) – pour leur professionnalisme et faites en sorte qu'ils gardent une excellente image de votre professionnalisme, de votre personnalité et de votre savoir-vivre !

Intégration

Cent jours pour convaincre

Bravo, vous avez signé votre contrat et vous démarrez votre nouveau poste. Vous avez cent jours pour convaincre, rassurer et séduire. Dans un marché économique difficile, la période d'essai devient plus aléatoire et il convient de faire particulièrement attention à éviter les cartons jaunes ou, pire, le carton rouge. Si vous êtes suivi en *outplacement*, votre consultant va vous coacher pendant votre intégration. Ce coaching s'adaptera à vos besoins et à vos contraintes. Il peut se faire en face-à-face ou au téléphone.

Les dix conseils pour réussir son intégration

1. **Remerciez** votre réseau et annoncez votre nomination à toutes les personnes qui vous ont reçu et/ou aidé dans votre

recherche : un mot, un e-mail, un appel téléphonique, toujours personnalisé (pas de circulaires…).

2. Comprenez rapidement l'organisation de l'entreprise et l'écosystème dans lequel vous allez travailler.

3. Évitez de faire systématiquement référence à votre ancien employeur.

4. Montrez et exprimez votre enthousiasme à participer à la réussite de votre nouvelle entreprise.

5. Rencontrez vos collaborateurs individuellement, notez tout ce qu'ils disent, car c'est le moment où ils vont vous en dire le plus.

6. Cherchez, en les écoutant, à comprendre ce qui va bien et ce qui pourrait être amélioré.

7. Cherchez à définir ce qu'on attend de vous le premier, le deuxième et le troisième mois.

8. Programmez avec votre supérieur des points d'étape.

9. Soyez visible à l'interne.

10. Construisez et entretenez votre réseau interne.

Accompagnement

Si vous avez la possibilité de bénéficier d'un *outplacement* payé par votre entreprise, prenez-le ! Cela vous permettra de :

- **suivre** une méthode rigoureuse pour déterminer votre positionnement et vos forces ;
- **définir** précisément votre projet/objectif professionnel et vos cibles prioritaires ;
- **maîtriser** votre communication et votre image ;

- **créer** les outils pertinents et performants nécessaires à votre succès ;

- **bénéficier** d'un entraînement régulier pour améliorer votre capacité à convaincre ;

- **disposer** de bases de données et d'une logistique efficaces ;

- **travailler** avec un expert expérimenté pour vous guider, vous « booster » et vous aider à décrocher le bon poste ;

- **se faire coacher** pendant toute la phase d'intégration.

COMMENT CHOISIR SON CONSULTANT EN *OUTPLACEMENT*

Sachez d'abord qu'un vrai chasseur de têtes ne fait jamais d'*outplacement*, car les deux métiers ne sont pas compatibles. Le chasseur est payé par l'entreprise, son client, pour trouver le bon candidat correspondant à un poste précis. Il n'est pas rémunéré pour vous accompagner dans votre recherche d'emploi et vous aider à décrocher un poste. L'essentiel est de sentir un excellent « *fit* » avec le consultant en *outplacement*. Vérifiez ensuite que ce dernier :

- exerce le métier depuis plusieurs années ;
- a exercé des fonctions de management en entreprise ;
- n'accompagne pas plus de dix à douze clients en même temps ;
- exerce dans un cabinet réputé ayant au moins cinq ans d'existence.

Si vous ne bénéficiez pas d'un *outplacement*

Dans ce cas-là, surtout ne restez pas seul. Vous pouvez :

- travailler avec un outplaceur indépendant qui travaille avec des particuliers ;

- intégrer une association qui accompagne les cadres en recherche d'emploi.

Trouver un job n'est pas la fin, mais seulement le commencement

Bravo ! Vous avez retrouvé un poste ! À vous de donner tout ce que vous avez dans le ventre pour relever ce nouveau défi. Mais n'oubliez pas, comme le dit mon ami Jean-Christophe Anna dans son dernier livre *Job & réseaux sociaux* (Hachette Pratique, 2013), vous êtes désormais un « candidat à vie ». Donc, préparez dès à présent les conditions d'accès à votre job suivant.

✗ Conserver en lieu sûr tout le travail que vous avez effectué dans la phase bilan.

✗ Mettre à jour régulièrement vos outils de candidat (CV, fiches contacts, profils sur les réseaux sociaux, etc.).

✗ Vérifier et optimiser régulièrement votre présence sur la Toile.

✗ Rencontrer au moins une fois par an le consultant qui vous a suivi pendant votre transition de carrière pour faire le point avec lui.

✗ Prendre le temps de continuer à réseauter toutes les semaines ; n'arrêtez jamais car c'est lorsque l'on est en poste que l'on construit le réseau que l'on activera en cas d'interruption de carrière.

✗ Aider les personnes du Réseau qui vous sollicitent et garder une trace écrite de votre contact avec elles (sur LinkedIn, par exemple).

✗ Envoyer chaque année une carte de vœux personnelle à chaque membre de votre réseau et tenir scrupuleusement à jour le fichier annuel de vos envois/réponses.

✗ Soigner votre visibilité en répondant à des interviews, en participant en tant qu'orateur à des conférences, en publiant des articles, etc.

✘ Optimiser votre veille secteur/métier/écosystème *via* la presse économique, la presse professionnelle, les blogs, Twitter, etc.

✘ Vous former régulièrement et systématiquement pour ne pas vous retrouver hors jeu dans des domaines qui évoluent rapidement.

✘ Suivre de près l'actualité de votre marché/secteur/métier et de vos concurrents.

✘ Lire régulièrement des livres de business (ou leurs résumés) et la presse économique et professionnelle.

✘ Envoyer tous les ans votre CV aux principaux chasseurs de têtes dans votre métier/secteur pour qu'ils ne vous oublient pas.

✘ Rester en veille sur le marché de l'emploi pour vérifier le niveau de votre attractivité et de votre employabilité.

✘ Rappeler et rencontrer les recruteurs qui vous contactent pour vous connaître ou pour vous parler d'un poste potentiel.

✘ Prendre soin de votre santé car, *in fine*, c'est votre capital le plus précieux si vous voulez poursuivre une carrière active.

Partie 3

Analyses de cas

Je vous propose d'analyser ensemble vingt-cinq cas de repositionnement professionnel réussi. Ils constituent la preuve évidente que chaque recherche d'emploi est différente et particulière.

Dans chaque situation, j'indique la durée de la recherche, les chiffres concernant chaque action menée et la façon dont la personne a trouvé son nouveau poste.

J'ai majoritairement sélectionné des exemples de personnes que j'ai accompagnées.

Bien entendu, les prénoms ont été modifiés pour respecter l'anonymat des individus concernés, mais certains devraient aisément se reconnaître.

Michel : merci
les anciens d'Arthur !

Bilan/projet

Michel, quarante-sept ans, HEC, a commencé sa carrière chez Arthur Andersen et a ensuite enchaîné les postes financiers dans des grands groupes internationaux. Directeur financier Europe d'un groupe de services anglo-saxon, Michel est débarqué par le nouveau président qui veut mettre en place sa propre équipe.

Conscient de ses compétences, bien dans sa peau et heureux dans son métier, Michel se met à la recherche d'un poste de directeur financier international dans un groupe anglo-saxon, dans le domaine des services.

Stratégie

Chasseurs de têtes : activation des chasseurs français, américains et anglais par e-mails personnalisés.

Fonds d'investissements : activation limitée à quelques relations.

Réseau : activation avec un ciblage sur les anciens d'HEC, l'association des directeurs financiers (DFCG) et les anciens d'Arthur Andersen.

Job boards : mise en place d'alertes et d'une veille sur Manageurs.com, Cadremploi, Apec, E-financialcareer, Exec-appointements.com, LinkedIn et les offres d'emploi de l'association des anciens HEC.

Lettres d'approche directe : pas d'action.

Candidatures spontanées : pas d'action.

Autres : inscription à des conférences sur la finance d'entreprise et le management. Participation aux soirées des anciens d'Arthur Andersen et des anciens HEC.

Résultat

Michel décroche un poste de directeur financier Europe en trois mois grâce au Réseau. C'est un membre du réseau des anciens d'Arthur Andersen qui l'a mis sur cette piste.

Chiffres

97 chasseurs identifiés et contactés par e-mail ;

13 rendez-vous chasseurs ;

27 rendez-vous Réseau ;

5 réponses à annonces ;

0 lettre d'approche directe ;

0 candidature spontanée ;

5 pistes identifiées et deux propositions fermes obtenues la même semaine ;

13 entretiens de recrutement (dont 4 pour le poste décroché).

Commentaires

Michel a reçu un excellent accueil chez les chasseurs de têtes (qui l'ont mis sur deux pistes), mais c'est par le Réseau qu'il a trouvé son nouvel emploi.

Le réseau des anciens d'Arthur Andersen s'est montré particulièrement efficace en fournissant à Michel trois pistes sérieuses et un poste à la clé.

La recherche d'emploi de Michel a été exceptionnellement courte. Il n'a pas eu besoin de mettre en œuvre d'autres vecteurs de recherche d'emploi comme les lettres d'approche directe ou les candidatures spontanées. De même, il n'a pas eu le temps de rencontrer beaucoup de fonds d'investissements.

Cas n° 1

Christian : le Réseau comme tête chercheuse

Bilan/projet

Christian, quarante-quatre ans, ingénieur des Mines, directeur général d'une *business unit* d'une société industrielle américaine, vient de négocier son départ à la suite d'une réorganisation qui lui a fait perdre une partie importante de ses responsabilités. Christian veut trouver le même type de poste, dans le secteur industriel. Il est pressé, car il ne veut pas de trou dans son CV ! Il se donne six mois, le temps de son préavis payé mais non effectué, pour retrouver un poste.

Stratégie

Chasseurs de têtes : mailing aux principaux chasseurs français, américains, anglais, belges, suisses et allemands.

Fonds d'investissement : activation sur une sélection de fonds ciblés.

Réseau : un effort particulier est porté sur le Réseau. Un ciblage très pointu des décideurs est effectué et l'activation commence rapidement à la suite d'une phase bilan/projet menée au pas de charge.

Job boards : alertes et veille mises en place sur Manageurs. com, Cadremploi, Apec, exec-appointments.com, indeed.fr, LinkedIn et Viadeo.

Lettres d'approche directe : pas d'action.

Candidatures spontanées : pas d'action.

Autres : Christian profite de cette période de transition pour suivre une formation de prise de parole en public afin de renforcer son leadership.

Résultat

Christian trouve un poste de directeur de *business unit* en trois mois. Ce poste, confié à un chasseur de têtes, est détecté par un contact réseau de Christian.

Chiffres

92 chasseurs identifiés et contactés par e-mail ;

23 rendez-vous chasseurs de tête ;

45 entretiens Réseau ;

10 réponses à annonces ;

0 lettre d'approche directe ;

0 candidature spontanée ;

5 pistes identifiées ;

17 entretiens de recrutement (dont 9 pour le poste obtenu !).

Cas n° 2

Commentaires

Christian a remarquablement joué le jeu du Réseau. C'est l'une de ses relations qui l'a alerté d'un recrutement dans un groupe industriel français tourné vers l'international. Une autre source réseau nous a appris qu'une chasseuse de têtes réputée était en charge de cette mission de recrutement. C'est un troisième contact Réseau qui a introduit Christian auprès du cabinet. Bonne pioche puisqu'à la fin de l'entretien, la professionnelle du recrutement a évoqué la mission qu'elle menait, en disant qu'elle avait déjà présenté une *shortlist*, mais qu'elle désirait tout de même parler de Christian à son client. Neuf entretiens de recrutement plus tard, Christian signait son contrat.

Cas n° 2

Gilles : un changement de projet... en cours de route

Bilan/projet

Gilles, cinquante-deux ans, diplômé de l'ISEP, vient de quitter un grand groupe industriel dans lequel il était directeur de la Supply Chain à l'international. La raison de son licenciement est classique : il appartient à l'ancienne équipe qui, peu à peu, a été remercié par la nouvelle direction. Gilles est l'avant-dernier sur la liste. Il se définit comme le « dernier des Mohicans ». Son projet est de reprendre le même type de poste en région parisienne.

Stratégie

Chasseurs de têtes : envoi d'un mailing aux chasseurs français, anglais et suisses.

Fonds d'investissement : pas d'action spécifique.

Réseau : activation de son réseau du réseau de l'ISEP, ainsi que de celui du cabinet d'*outplacement*.

Job boards : mise en place d'une veille sur Cadremploi, Apec, Exec-appointments.com, Keljob, Indeed, Monster, LinkedIn et Viadeo.

Lettres d'approche directe Réseau : activation sur une cible d'entreprises prioritaires.

Candidatures spontanées : pas d'action.

Autres : écriture d'articles sur la *supply chain* dans des revues ciblées « décideurs » pour accroître sa visibilité.

Missions : recherche de missions en parallèle de la recherche d'un CDI à partir du sixième mois de recherche.

Résultat

Au bout de neuf mois de recherche, un contact réseau de Gilles lui propose de lui faire rencontrer une personne qui cherche à céder son entreprise. Quatre mois plus tard, Gilles devient propriétaire d'une petite entreprise industrielle de vingt-cinq salariés.

Chiffres

76 chasseurs identifiés et contactés par e-mail ;

21 rendez-vous chasseurs ;

77 rendez-vous Réseau ;

14 réponses à annonces ;

16 lettres d'approche directe ;

0 candidature spontanée ;

5 pistes de postes en CDI identifiées ;

15 entretiens de recrutement ;

13 rendez-vous avec le cédant.

Cas n° 3

Commentaires

Gilles est un excellent exemple du phénomène de la « sérendipité », c'est-à-dire l'art de trouver quelque chose d'intéressant en cherchant autre chose. En effet, le Réseau a détecté chez Gilles sa capacité à être un repreneur d'entreprise crédible et efficace.

Gilles s'est montré très motivé par ce projet inattendu de reprise. Il a particulièrement bien négocié non seulement avec le cédant, mais aussi et surtout avec les banques qui ont failli le faire échouer à cause de leur lourdeur administrative. Par ailleurs, grâce à son ingéniosité financière, il a su éviter de faire appel à des fonds d'investissement pour financer son acquisition.

Cas n° 3

Arielle : un changement de secteur réussi

Bilan/projet

Arielle, quarante-quatre ans, EM Lyon, a réalisé toute sa carrière dans la fonction commerciale au sein de deux sociétés américaines. En conflit avec le nouveau directeur général, elle quitte une grande marque de boissons sucrées dans laquelle elle exerçait la fonction de directrice commerciale. Arielle est très marquée « produits alimentaires », car elle n'a travaillé que pour des marques de ce secteur. Le travail de bilan professionnel aboutit à un projet qui consiste à trouver le même type de poste dans un secteur différent : les produits cosmétiques.

Stratégie

Chasseurs de têtes : mailing limité aux chasseurs parisiens. Un focus particulier est donné aux chasseurs spécialisés dans le luxe et la cosmétique.

Fonds d'investissement : pas d'action.

Réseau : priorité donnée à l'action de *Networking*. Concentration sur une cible de cinquante décideurs dans le monde des cosmétiques, du luxe et de la distribution spécialisée.

Job boards : mise en place d'alertes sur les principaux *job boards*, mais sans illusion, car le projet n'est pas un copier-coller du poste quitté.

Lettres d'approche directe Réseau : au bout de trois mois d'action, déclenchement d'une vague de lettres d'approche directe sur les décideurs non rencontrés *via* le Réseau.

Candidatures spontanées : pas d'action menée, car ce vecteur est considéré comme inapproprié dans le cas d'Arielle.

Autres : inscription à des conférences traitant du secteur du luxe et de la cosmétique.

Résultats

Arielle prend un poste de directeur commercial d'une marque de cosmétiques au bout de dix mois de recherche.

Chiffres

45 chasseurs identifiés et contactés par e-mail ;

12 rendez-vous chasseurs de têtes ;

67 rendez-vous Réseau ;

9 réponses à annonces ;

15 lettres d'approche directe ;

0 candidature spontanée ;

3 pistes identifiées ;

8 entretiens de recrutement (dont 4 pour le poste obtenu).

Cas n° 4

Commentaires

Sortir du copier-coller est toujours difficile sur le marché de l'emploi français. Dans le cas d'Arielle, l'activation des chasseurs de têtes n'a pas donné de résultats tangibles.

En revanche, Arielle est devenue une excellente réseauteuse. Elle a réussi à rencontrer 90 % des décideurs qu'elle avait ciblés.

Le secret de son succès s'explique par l'entretien minutieux des contacts qu'elle a noués avec la plupart des décideurs rencontrés. En effet, c'est un directeur général rencontré en janvier, qui, judicieusement relancé en avril par l'envoi d'un article de la *Harvard Business Review*, a proposé un poste à Arielle.

À noter également que lorsque l'on change de secteur avec succès, le poste et le salaire proposés sont souvent un cran en dessous du précédent. C'est le prix à payer. Mais si tout se passe bien, le rattrapage s'effectue dans les années qui suivent.

Cas n° 4

Maurice : cinquante-sept ans et une sacrée énergie

Bilan/projet

Maurice, cinquante-sept ans, diplômé de l'école hôtelière de Lausanne, a réalisé toute sa carrière de dirigeant de filiale dans un grand groupe hôtelier international d'origine française. La direction du groupe décide de se passer de ses services et l'invite à partir. Maurice, fort de ses postes de directeur général dans différents pays, a pour projet de prendre une direction générale d'un hôtel ou d'une filiale d'un groupe hôtelier en Europe ou au Maghreb.

Stratégie

Chasseurs de têtes : mailing ciblé sur une sélection de chasseurs de têtes français spécialistes du marché visé.

Fonds d'investissement : rencontres avec quelques fonds d'investissement ayant des participations dans le secteur ciblé.

Réseau : priorité donnée à l'action de *Networking*.

Job boards : action limitée à Cadremploi et à l'Apec, sans grandes illusions.

Lettres d'approche directe : campagne menée dès le début de la recherche, en parallèle de l'action Réseau.

Candidatures spontanées : pas d'action.

Résultat

Au bout de huit mois de recherche, grâce au Réseau, Maurice est engagé en CDI comme directeur des opérations de l'une des plus importantes sociétés immobilières du Maroc.

Chiffres

- 25 chasseurs identifiés et contactés par e-mail ;
- 2 rendez-vous chasseurs de têtes ;
- 57 rendez-vous Réseau ;
- 2 réponses à annonces ;
- 29 lettres d'approche directe ;
- 0 candidature spontanée ;
- 2 pistes identifiées ;
- 6 entretiens de recrutement (dont 4 pour le poste obtenu).

Commentaires

Maurice dispose d'un gros atout : son énergie et sa pugnacité. Il a fallu cependant faire attention à ce que cette combativité soit canalisée pour ne pas être perçue comme de l'agressivité par les recruteurs.

Maurice n'a été reçu que par deux chasseurs de têtes qui lui ont fortement conseillé de chercher des missions de management de transition plutôt qu'un CDI.

Cas n° 5

Maurice, pressé de retrouver un poste, a systématisé les lettres d'approche directe pour maximiser ses chances de rencontrer rapidement des décideurs.

C'est, *in fine*, le Réseau qui lui a permis de retrouver un CDI au Maroc, pays où il avait été le directeur général de filiale au début des années 2000.

Cas n° 5

Élisabeth :
ne jamais couper le contact

Bilan/projet

Élisabeth, quarante-huit ans, maîtrise en droit et diplômée de l'IGS, a fait toute sa carrière dans le domaine des Ressources Humaines et vient de quitter un poste de DRH d'une grande banque étrangère basée en France.

Élisabeth a demandé à bénéficier d'un préavis de neuf mois, car elle ne veut pas que le marché sache qu'elle a été licenciée. Elle conserve donc son titre et son bureau pendant sa recherche d'emploi. Son objectif est de retrouver un poste de DRH dans le domaine de la banque, des assurances ou des mutuelles d'assurance.

Stratégie

Chasseurs de têtes : mailing à tous les grands cabinets parisiens élargi aux cabinets de recrutement de l'Île-de-France.

Fonds d'investissement : pas d'action auprès de cette cible.

Réseau : activation du réseau des anciens collègues, de Financi'Elles, de l'ANDRH, de l'AFB et des anciens de l'IGS.

Job boards : veille active et mise en place d'alertes sur Cadremploi, Apec, Keljob, Indeed, Monster, LinkedIn et Viadeo.

Lettres d'approche directe : envoi à des cibles identifiées au bout de quatre mois de recherche.

Candidatures spontanées : envoi à des cibles élargies à partir du sixième mois de recherche.

Résultat

Au bout du huitième mois de recherche, Élisabeth prend la DRH d'une filiale spécialisée d'un grand groupe bancaire français... après avoir perdu en finale sur ce poste trois mois auparavant.

Chiffres

85 chasseurs identifiés et contactés par e-mail ;

36 rendez-vous chasseurs de têtes ;

300 cabinets de recrutement contactés par e-mail (!) ;

66 rendez-vous dans des cabinets de recrutement ! ;

27 rendez-vous Réseau ;

28 réponses à annonces ;

10 lettres d'approche directe ;

88 candidatures spontanées ;

7 pistes identifiées ;

19 entretiens de recrutement (dont 4 pour le poste obtenu).

Cas n° 6

Commentaires

Élisabeth a été très bien accueillie par les professionnels du recrutement (chasseurs de têtes et cabinets de recrutement) dans la mesure où, en tant que DRH, elle constitue une future cliente potentielle. Cela explique le nombre de rendez-vous obtenus avec cette cible.

En revanche, elle a eu du mal à activer le Réseau, car ce n'est pas sa « tasse de thé ». En effet, vingt-sept rendez-vous Réseau en huit mois correspondent à moins d'un rendez-vous Réseau par semaine...

Élisabeth a été particulièrement inspirée en gardant une excellente relation avec le chasseur de têtes qui l'avait mise sur la piste d'un poste pour lequel elle n'avait pas été retenue en finale. Trois mois après cette déconvenue, c'est en appelant ce chasseur qu'elle apprend que la période d'essai du titulaire n'est pas concluante et que le poste est à nouveau libre. C'est ce poste-là qu'elle a décroché.

Cas n° 6

Henri :
opportunisme et réactivité

Bilan/projet

Henri, quarante-six ans, « sup de co » Toulouse, a débuté sa carrière aux États-Unis. À son retour en France, il a occupé différentes fonctions marketing, puis commerciales au sein d'un grand groupe alimentaire américain, puis dans la distribution de produits électroniques. Il quitte la direction commerciale Europe du Sud de son employeur, suite à une fusion dont il fait les frais.

Henri cherche à rebondir sur le même type de poste et vise plus particulièrement le domaine des produits technologiques.

Stratégie

Chasseurs de têtes : mailing sur les chasseurs de têtes français, anglais, belges, suisses et américains.

Fonds d'investissement : pas d'action.

Réseau : activation du Réseau avec un focus particulier sur les associations professionnelles.

Job boards : mise en place d'une veille sur les sites Cadremploi, Cadronline, Apec, Indeed, Exec-appointments.com et LinkedIn.

Lettres d'approche directe : envoi à une sélection de cibles après trois mois de recherche.

Candidatures spontanées : pas d'action.

Résultat

Après sept mois de recherche intense, Henri prend la direction commerciale de la filiale d'un groupe américain grâce à une lettre d'approche directe envoyée par courrier papier au président Europe de la société.

Chiffres

83 chasseurs de têtes identifiés et contactés par e-mail ;

18 rendez-vous chasseurs de têtes (dont quatre *via* Skype) ;

47 rendez-vous Réseau ;

22 réponses à annonces ;

12 lettres d'approche directe ;

64 candidatures spontanées ;

15 pistes identifiées ;

11 entretiens de recrutement (dont 3 pour le poste obtenu).

Commentaires

Henri a utilisé avec succès une tactique connue, mais souvent oubliée. Il a envoyé un courrier postal au président d'une entreprise cible en faisait état de l'interview que ce dernier avait accordée à un magazine de business. La lettre a fait son effet, puisqu'Henri a été reçu par le P-DG de la société quinze jours après. Avant le rendez-vous, Henri a visité des magasins que la marque possède en propre à Paris, Londres et New York et a préparé un mémo avec des photos pour donner sa vision des points forts et des points d'optimisation de la distribution de l'entreprise.

Cas n° 7

Laurène : quand chasseur et Réseau se complètent

Bilan/projet

Laurène, quarante-six ans, Edhec, directrice générale d'une petite société de cosmétiques française, doit quitter son poste à la suite de la vente de l'entreprise à un grand groupe asiatique.

Laurène recherche un poste de directrice générale d'une société française et élargit son ciblage aux secteurs qui comportent une clientèle féminine : mode, distribution spécialisée, etc. Elle est mobile géographiquement en France.

Stratégie

Chasseurs de têtes : envoi d'un mailing à tous les grands chasseurs parisiens et à quelques chasseurs et cabinets de recrutement à Lyon et à Lille.

Fonds d'investissement : envoi d'un mailing à une sélection de fonds d'investissements et exploitation de contacts existants.

Réseau : activation importante du Réseau et tout particulièrement de ses réseaux (anciens de l'Edhec, CEW, CGPME, EPWN, Women forum, etc.).

Job boards : veille sur les anciens de l'Edhec, Manageurs.com, Cadremploi, Apec, Indeed.fr, LinkedIn et Viadeo.

Lettres d'approche directe : envoi de courriers soigneusement travaillés à quelques cibles non atteignables *via* le Réseau.

Candidatures spontanées : pas d'action.

Résultat

Neuf mois après le début de sa recherche d'emploi, Laurène prend son poste de directeur général d'une société de textile située à Lille, *via* un cabinet de chasseurs de têtes.

Chiffres

69 chasseurs de têtes identifiés et contactés par e-mail ;

12 rendez-vous chasseurs de têtes ;

59 rendez-vous Réseau ;

8 réponses à annonces ;

9 lettres d'approche directe ;

0 candidature spontanée ;

5 pistes identifiées ;

14 entretiens de recrutement (dont 6 pour le poste obtenu) ;

1 journée d'*assessment*.

Commentaires

Laurène a été contactée par un chasseur de têtes à la suite de la réception de la troisième vague de son mailing aux chasseurs.

Sur ce recrutement, Laurène a bénéficié d'un appui caché au sein de l'entreprise puisque *via* la relation d'une relation, elle a

Cas n° 8

appris les noms de ses concurrents et a pu affûter son discours en fonction de leurs profils.

À noter que Laurène a passé une journée d'*assessment* dans laquelle elle a été testée avec succès sur son style de management, son sens de l'organisation, sa capacité d'analyse d'un dossier, sa capacité de synthèse et son leadership.

Cas n° 8

Lucie : les missions mènent au poste

Bilan/projet

Lucie, cinquante-trois ans, Centrale Nantes et McGill, vient de quitter un grand groupe de médias international où elle occupait le poste de directrice générale. En dépit de vingt ans de bons et loyaux services, son nouveau patron a décidé qu'elle n'était pas le bon casting pour détricoter ce qu'elle avait patiemment construit. Lucie a mal réagi à ce qu'elle a considéré comme une injustice et a déjà contacté de nombreux chasseurs de têtes et une partie de son réseau quand nous commençons à travailler ensemble à son repositionnement.

Stratégie

Chasseurs de têtes : envoi de plusieurs mailings aux chasseurs français, anglais, allemands, suisses et belges.

Fonds d'investissement : approche systématique des principaux fonds français et quelques fonds à Londres.

Réseau : forte activation du réseau français et international de la candidate.

Job boards : mise en place d'une veille active sur Cadremploi, Manageurs.com, Apcc, Exec-appointments.com, LinkedIn et Viadeo.

Lettres d'approche directe : test sur quelques cibles non accessibles *via* le Réseau.

Candidatures spontanées : pas d'action.

Résultat

À l'issue de huit mois de recherche, Lucie trouve l'équivalent de son poste précédent chez un des concurrents de son ancien employeur. Le premier contact s'est effectué par le biais d'une lettre d'approche directe envoyée par e-mail au président allemand de ce groupe. Après plusieurs entretiens, on lui a proposé des missions qu'elle a acceptées. À l'issue de la troisième mission, Lucie a signé un CDI.

Chiffres

90 chasseurs de têtes identifiés et contactés par e-mail ;

23 rendez-vous chasseurs de têtes (dont 8 en vidéoconférence ou par Skype) ;

19 rendez-vous avec des fonds d'investissement ;

86 rendez-vous Réseau ;

11 réponses à annonces ;

16 lettres d'approche directe ;

0 candidature spontanée ;

5 pistes identifiées ;

17 entretiens de recrutement (dont 6 pour le poste obtenu).

Commentaires

Lucie n'avait pas de contacts Réseau en mesure de la mettre en relation avec son ancien concurrent. De surcroît, il a été très difficile de la convaincre d'écrire une lettre d'approche directe (envoyée sous forme d'e-mail) à la société en question, car Lucie était persuadée que, compte tenu de la stratégie perçue de cette entreprise (recentrage sur l'Allemagne), son profil ne pouvait pas intéresser ses dirigeants. Pour l'anecdote, il faut savoir qu'elle n'a été appelée par son futur employeur qu'un mois après l'envoi de son courriel…

Cas n° 9

Renaud :
quand le bon job
passe par les fonds
d'investissements

Bilan/projet

Renaud, quarante-neuf ans, Sciences Po Paris, a effectué toute sa carrière dans la finance en entreprise après un rapide passage dans un grand cabinet d'audit. Directeur financier d'une filiale d'un grand groupe chimique, Renaud est réputé pour son franc-parler. Cela plaisait à son ancien directeur général. Cela n'a pas été du tout du goût de son nouveau patron, qui a décidé de se passer de ses services et lui a demandé de partir.

Renaud a pour objectif de rebondir à un poste de directeur général, même s'il n'a encore jamais occupé cette position.

Stratégie

Chasseurs de têtes : envoi de plusieurs vagues de mailings aux chasseurs français et anglais en visant explicitement un poste de directeur général ou directeur général adjoint (DGA).

Fonds d'investissement : approche systématique d'une sélection de fonds d'investissement.

Réseau : activation principalement du réseau des anciens de Sciences Po et du cabinet d'*outplacement*, car Renaud n'a jamais entretenu son réseau pendant sa carrière.

Job boards : veille sur Manageurs.com, Cadremploi, Apec, Indeed, Exec-appointments.com, LinkedIn, Viadeo et les annonces des anciens de Sciences Po.

Lettres d'approche directe : test sur quelques cibles identifiées.

Candidatures spontanées : lancement d'une vague de candidatures sur des cibles identifiées *via* le fichier Kompass.

Résultat

Au bout de sept mois de recherche, Renaud décroche un poste de directeur général adjoint finance dans une société industrielle française détenue par un fonds d'investissement.

Chiffres

65 chasseurs de têtes identifiés et contactés par e-mail ;

21 rendez-vous chasseurs de têtes ;

17 rendez-vous avec des fonds d'investissement ;

44 rendez-vous Réseau ;

16 réponses à annonces ;

3 lettres d'approche directe ;

123 candidatures spontanées ;

5 pistes identifiées ;

16 entretiens de recrutement (dont 4 pour le poste obtenu).

Cas n° 10

Commentaires

Renaud a trouvé son nouveau poste grâce à l'activation d'un contact Réseau au sein d'un fonds d'investissement. Ce dernier l'a présenté au nouveau directeur général d'une de leurs sociétés en portefeuille pour remplacer le titulaire du poste qui allait prendre sa retraite.

Cas n° 10

Fabrice : seul candidat en lice

Bilan/projet

Fabrice, quarante-huit ans, Dauphine, a effectué une carrière riche en postes dans différents secteurs. Son dernier poste, directeur général d'une filiale d'un groupe de distribution spécialisée, a été supprimé lorsque le groupe a décidé de fusionner son entité avec trois autres sociétés.

Fabrice cherche à prendre la direction générale d'une ETI (entreprise de taille intermédiaire) française et est aussi prêt à accepter un poste dans le comité de direction d'une plus grande entreprise.

Stratégie

Chasseurs de têtes : mailing aux principaux chasseurs de têtes français et quelques grands cabinets de recrutement.

Fonds d'investissement : approche d'une sélection de fonds ayant des participations dans des sociétés cibles.

Réseau : activation du réseau des anciens collègues, des anciens de Dauphine et des anciens clients du cabinet d'*outplacement.*

Job boards : veille sur Cadremploi, Manageurs.com, Indeed, Keljob, Apec, LinkedIn et Viadeo.

Lettres d'approche directe : envoi de courriers papier sur quelques cibles identifiées au quatrième mois de recherche.

Candidatures spontanées : une vague envoyée au bout de six mois de recherche.

Divers : inscription et participation au réseau Oudinot.

Résultat

Treize mois après avoir quitté son dernier job, Fabrice décroche un poste de directeur de la stratégie dans un grand groupe du secteur des services en France. Il trouve ce poste grâce au Réseau. Il est d'ailleurs le seul candidat en lice sur ce recrutement orchestré directement par le P-DG.

Chiffres

53 chasseurs de têtes identifiés et contactés par e-mail ;

14 rendez-vous chasseurs de têtes ;

11 rendez-vous avec des fonds d'investissement ;

113 rendez-vous Réseau ;

28 réponses à annonces ;

23 lettres d'approche directe ;

89 candidatures spontanées ;

5 pistes identifiées ;

11 entretiens de recrutement (dont 3 pour le poste obtenu).

Cas n° 11

Commentaires

Via le Réseau, Fabrice a obtenu un entretien avec le président d'une société de services. Ce dirigeant était connu pour la qualité de son réseau et Fabrice s'attendait à sortir du rendez-vous avec des contacts de premier ordre à l'issue du rendez-vous. Or il est sorti sans aucun nom.

Le président lui a juste demandé de rencontrer l'une de ses relations, un consultant spécialisé en stratégie. Heureusement, grâce à un contact de mon propre réseau, j'ai pu obtenir l'information que cet interlocuteur était en fait le « gourou » du président et nous avons pu préparer efficacement ce qui s'est révélé être un entretien d'embauche, avec un poste à la clé.

Cas n° 11

Bernard : la création d'une activité rentable

Bilan/projet

Bernard, cinquante-deux ans, EM Normandie, a effectué toute sa carrière dans le marketing, en passant de la lessive aux produits alimentaires. Il quitte son poste, car il a atteint la limite d'âge pour ce type de poste.

Le projet de Bernard, qui rêve de liberté, est de travailler à son compte en créant sa propre entreprise de conseil en stratégie marketing.

Stratégie

Chasseurs de têtes : pas d'action.

Fonds d'investissement : pas d'action.

Réseau : la stratégie de Bernard s'est concentrée sur le Réseau. Bernard a d'abord rencontré des personnes ayant créé avec succès leur activité de consultant. Puis il a validé son projet de consulting avec des clients potentiels.

Job boards : pas d'action.

Lettres d'approche directe : pas d'action.

Candidatures spontanées : pas d'action.

Résultat

Bernard crée son EURL et ne se paye pas pendant trois ans afin de continuer de bénéficier des indemnités Pôle emploi. Son chiffre d'affaires passe de 70 000 euros en année 1 à 230 000 euros en année 3. Il prévoit de se rémunérer 120 000 euros annuels nets en année 4, année où son indemnité Pôle emploi s'achève.

Chiffres

9 rendez-vous Réseau avec des consultants créateurs d'entreprises ;

2 *brainstormings* avec d'autres candidats du cabinet d'*outplacement* pour valider et affiner le projet ;

46 rendez-vous Réseau de prospection en année 1 ;

6 missions en année 1, 11 missions en année 2, 17 missions en année 3.

Commentaires

Le succès de Bernard s'explique non seulement par son expertise, mais aussi et surtout par son talent à activer un réseau de prescripteurs autour de lui.

Bien entendu, nous avons bien pris le soin de valider le fait qu'il puisse travailler seul.

Notons enfin que Bernard est la personne qui, à ma connaissance, a le mieux appliqué les conseils que je donne dans mon livre *Booster son business* (Eyrolles, 2011) pour se lancer. Aujourd'hui, il dispose d'un site Internet, d'un blog, d'une newsletter, de profils sur LinkedIn et Viadeo. Et il vient de publier un livre sur son expertise.

Cas n° 12

Didier : profession, manager de transition

Bilan/projet

Didier, cinquante-quatre ans, HEI, directeur industriel, quitte son entreprise suite à un violent conflit avec son président. Ne supportant plus toute forme de hiérarchie et aimant les missions difficiles, Didier décide de devenir manager de transition.

Stratégie

Cabinets de management de transition : approche par e-mail et rencontre des principaux cabinets de management de transition.

Chasseurs de têtes : mailing aux cabinets ayant une activité de management de transition.

Fonds d'investissement : approche de quelques fonds français.

Réseau : action de « réseautage » auprès de managers de transition et de potentiels donneurs d'ordre.

Job boards : pas d'action.

Lettres d'approche directe : pas d'action.

Candidatures spontanées : pas d'action.

Résultat

Didier décroche sa première mission de manager de transition et réussit depuis lors à enchaîner les contrats. L'intermission la plus longue qu'il ait connue a été de cinq mois.

Chiffres

11 cabinets de management de transition identifiés et contactés par e-mail ;

9 rendez-vous avec des responsables dans ces cabinets de transition ;

3 rencontres avec des fonds d'investissement ;

47 rendez-vous Réseau ;

26 pistes de missions identifiées en cinq ans ;

6 missions effectuées.

Commentaires

Didier constitue l'exemple du manager de transition qui a réussi à en faire son métier. D'abord parce que cela a été son choix et non une décision imposée par les circonstances. Ensuite parce qu'il a compris qu'il ne pouvait pas se reposer sur un seul cabinet et qu'il était important d'être référencé dans tous les cabinets importants et de se rappeler régulièrement à leur bon souvenir. Enfin, parce qu'il a continué d'activer son réseau pour optimiser ses chances de trouver des missions sans passer uniquement par les professionnels du métier.

À cinquante-neuf ans en 2013, Didier, prévoit de liquider sa retraite d'ici à 2016 tout en continuant à mener des missions de management de transition.

Cas n° 13

Grégoire : un petit bond qui mène au grand rebond

Bilan/projet

Grégoire, quarante-sept ans, Essca, est directeur des opérations d'une société des services industriels basée en Suisse. À la suite d'une réorganisation internationale, il perd son poste. C'est pour lui l'occasion de viser un poste de directeur général dans le même type de secteur, en région parisienne ou en Suisse.

Stratégie

Chasseurs de têtes : mailing aux chasseurs de têtes français, anglais, belges et suisses.

Fonds d'investissement : approche de quelques fonds en France *via* le Réseau.

Réseau : activation du réseau des anciennes sociétés où il est passé, du cabinet d'outplacement et des anciens de l'Essca.

Job boards : veille sur Cadremploi, Apec, Exec-appointments. com, Indeed, LinkedIn et Viadeo.

Lettres d'approche directe : première vague au bout de six mois de recherche.

Candidatures spontanées : pas d'action.

Résultat

Au bout de treize mois de recherche, Grégoire prend un premier poste de directeur général obtenu grâce au Réseau. Pendant sa période d'essai, un autre poste de directeur général lui est proposé par un chasseur de têtes. Grégoire accepte.

Chiffres

85 chasseurs de têtes identifiés et contactés par e-mail ;

23 rendez-vous chasseurs de têtes ;

97 rendez-vous Réseau ;

18 réponses à annonces ;

17 lettres d'offres de services ;

0 candidature spontanée ;

9 pistes identifiées ;

17 entretiens de recrutement (dont 4 pour le premier poste obtenu et 5 pour le poste définitif).

Commentaires

Grégoire a su prendre un poste d'attente tout en poursuivant sa recherche. Le premier poste lui a permis de sauter le pas de la direction générale. Mais le poste est localisé à Rennes alors que sa famille réside désormais à Paris. Ce poste de directeur général met cependant Grégoire dans une excellente posture pour être choisi trois mois plus tard comme directeur général d'une entreprise de services localisée en région parisienne.

Comment annoncer au connecteur réseau qui l'avait aiguillé sur le premier poste que Grégoire arrêtait sa période d'essai alors que tout se passait bien. Nous avons décidé de mettre en avant la différence de salaire en posant la question suivante à son camarade : « *À ma place, qu'est-ce que tu ferais ?* »

Cas n° 14

Françoise : de l'intérêt des réseaux sociaux

Bilan/projet

Françoise, quarante-sept ans, Supélec, est directrice marketing et commerciale d'une petite société de services informatiques. Après plusieurs années de bons et loyaux services, elle est remerciée à la suite de l'arrivée d'un nouveau président.

Françoise a pour projet de prendre une fonction de directrice commerciale dans l'univers des SSII, dans une société plus importante que la précédente.

Stratégie

Chasseurs de têtes : envoi d'e-mails à tous les grands cabinets de chasse parisiens ainsi qu'aux grands cabinets de recrutement spécialisés dans le marché des SSII.

Fonds d'investissement : pas d'action.

Réseau : activation prioritaire des anciens collègues, anciens clients et anciens fournisseurs.

Job boards : veille sur Cadremploi, Apec, LinkedIn et Viadeo.

Lettres d'approche directe : envoi limité à quelques cibles non atteignables *via* le Réseau.

Candidatures spontanées : pas de candidatures spontanées.

Autres : sur mes conseils, Françoise a suivi des séances de sophrologie qui l'ont aidée à maîtriser son impatience et son anxiété.

Résultat

Après onze mois de recherche, Françoise décroche un poste de directrice commerciale d'une société de services informatiques *via* un chasseur de têtes qu'elle a approché sur LinkedIn.

Chiffres

45 chasseurs de têtes identifiés et contactés par e-mail ;

14 rendez-vous chasseurs de têtes ;

88 rendez-vous Réseau ;

8 réponses à annonces ;

11 lettres d'offres de services ;

0 candidature spontanée ;

3 pistes identifiées ;

13 entretiens de recrutement (dont 4 pour le poste obtenu).

Commentaires

Françoise a commis l'erreur de se précipiter dans sa recherche d'emploi et de se mettre sur le marché avant d'avoir commencé son *outplacement*. Conséquence : elle s'est « grillée » auprès de quelques chasseurs de têtes et de certains membres de son réseau, car elle n'était pas prête en terme de discours, d'asser- tivité et de confiance en elle.

Cas n° 15

Elle a effectué un important travail d'approche auprès des chasseurs de têtes spécialisés et une excellente activation Réseau, ce qui lui a permis de rencontrer moult connecteurs et décideurs.

En approchant, *via* LinkedIn, un chasseur de têtes qu'elle ne connaissait pas, Françoise a amorcé le processus ayant entraîné son recrutement.

Cas n° 15

Béatrice : changer de métier et de secteur, c'est possible (mais dur)

Bilan/projet

Béatrice, quarante-huit ans, EBS, est directrice marketing d'un groupe spécialisé dans l'équipement du foyer. Compte tenu des difficultés de la société, il est décidé de supprimer son poste. Béatrice, à la suite de la phase bilan, décide de rechercher un poste de directrice de la communication dans le secteur des services dans lequel elle n'a jamais travaillé.

Stratégie

Chasseurs de têtes : activation des chasseurs de têtes français sans trop d'espoir, car elle n'a jamais exercé la fonction de directrice de la communication.

Fonds d'investissement : pas d'activation.

Réseau : gros effort porté sur le Réseau des anciens clients du cabinet d'*outplacement*, des anciens de l'EBS et de ses ex-clients et fournisseurs.

Job boards : veille sur Cadremploi, Cadronline, Apec, LinkedIn et Viadeo.

Lettres d'approche directe : action test limitée à quelques envois.

Candidatures spontanées : aucune action.

Résultat

Sept mois après avoir débuté sa recherche d'emploi, Béatrice prend son poste de directeur de la communication d'une compagnie d'assurances à la suite d'un contact avec une DRH lors d'une conférence sur le thème des « femmes dirigeantes ».

Chiffres

65 chasseurs de têtes identifiés et contactés par e-mail ;

5 rendez-vous chasseurs de têtes ;

87 rendez-vous Réseau ;

18 réponses à annonces ;

3 lettres d'offres de services ;

0 candidature spontanée ;

2 pistes identifiées ;

11 entretiens de recrutement (dont 4 pour le poste obtenu).

Participation à 13 conférences.

Commentaires

Béatrice a réussi son pari malgré tous les « toxiques » qui lui disaient qu'elle n'y arriverait jamais. Elle a trouvé son poste grâce à une DRH d'un grand groupe d'assurances qui intervenait dans une conférence sur les « femmes dirigeantes ». Béatrice a eu l'idée d'aller parler à cette femme à la fin de son intervention et a obtenu un rendez-vous dix jours plus tard. Cela a été le début d'un processus d'embauche qui a abouti dans les quatre semaines suivantes.

Cas n° 16

Jean-Louis :
la persévérance
paye toujours

Bilan/projet

Jean-Louis, cinquante et un ans, autodidacte, est directeur général d'une entreprise familiale française que le propriétaire décide de vendre à une multinationale. Jean-Louis est la première victime de cette cession inattendue. Ne parlant pas anglais, on lui demande de partir. Son objectif est de trouver le même type de poste dans une entreprise située en France, peu importe la région.

Stratégie

Chasseurs de têtes : activation d'une sélection de chasseurs de têtes français, ainsi que de cabinets de recrutement dans toute la France.

Fonds d'investissement : rencontre avec quelques fonds *via* des contacts Réseau.

Réseau : activation principalement du réseau professionnel de Jean-Louis qui, par ses fonctions de président d'une association professionnelle, connaît beaucoup de monde.

Job boards : veille active sur Cadremploi, Apec, Regionsjob, LinkedIn et Viadeo.

Lettres d'approche directe : campagne commencée dès le début de la recherche et maintenue au fil des mois.

Candidatures spontanée : campagne d'e-mails et de courriers papier au troisième mois de la recherche, renouvelée le septième mois.

Résultat

Après quatorze mois de recherche, Jean-Louis décroche un poste de directeur général grâce au Réseau. Plus particulièrement grâce à l'un de ses anciens patrons dont il a su se rapprocher pendant les derniers mois.

Chiffres

185 chasseurs de têtes et cabinets de recrutement identifiés et contactés par e-mail (!) ;

43 rendez-vous avec des chasseurs de têtes et des cabinets de recrutement ;

77 rendez-vous Réseau ;

8 réponses à annonces ;

33 lettres d'offres de services ;

156 candidatures spontanées ;

13 pistes identifiées ;

26 entretiens de recrutement (dont 2 pour le poste obtenu).

Commentaires

Jean-Louis a su être patient et persévérant. Le P-DG qui l'a recruté lui a clairement dit, au début de sa recherche, qu'il n'avait rien pour lui. En maintenant le contact avec cet ancien patron tout au long des mois qui ont suivi, Jean-Louis a été *in fine* la seule personne appelée lorsqu'un poste s'est libéré dans l'une des filiales du groupe industriel. Le P-DG l'a reçu pendant trente minutes pour lui parler du poste et le lui proposer. Le second rendez-vous a eu lieu avec l'actionnaire principal pour valider ce choix. En résumé : un seul candidat, deux rendez-vous, un poste : du Réseau à l'état pur.

Cas n° 17

Jean-Marie : la sérendipité au cœur de la réussite

Bilan/projet

Jean-Marie, 42 ans, EM Lyon, MBA de l'Essec, directeur marketing d'un grand groupe laitier international, doit quitter son poste suite à un conflit avec le nouveau directeur général.

Jean-Marie a pour projet de prendre une direction marketing et commerciale dans le secteur alimentaire en France en Grande-Bretagne, en Suisse ou en Italie.

Stratégie

Chasseurs de têtes : envoi d'un mailing aux grands cabinets parisiens et une sélection de chasseurs anglais, belges, italiens et suisses.

Fonds d'investissements : pas d'action.

Réseau : forte activation du Réseau sur une sélection de directeurs généraux d'entreprises et auprès de connecteurs (patrons d'agences de publicité, d'agences Web, etc., consultants).

Job boards : veille sur Manageurs.com, Cadremploi, Apec, Indeed.fr, LinkedIn, Viadeo, Exec-appointments.com.

Lettres d'approche directe : envoi au rythme d'une à deux lettres par mois.

Candidatures spontanées : envoi d'une vague au sixième mois de recherche.

Résultat

Au neuvième mois de sa recherche, Jean-Marie signe pour un poste de directeur général adjoint d'une société de conseil en marketing, alors que ce n'était pas son projet initial.

Chiffres

91 chasseurs de têtes identifiés et contactés par e-mail ;

22 rendez-vous chasseurs de têtes ;

97 rendez-vous Réseau ;

32 réponses à annonces ;

16 lettres d'offres de services ;

99 candidatures spontanées ;

6 pistes identifiées ;

16 entretiens de recrutement (dont 3 pour le poste obtenu).

Commentaires

Jean-Marie a su saisir une opportunité à laquelle il n'avait pas pensé dans sa réflexion initiale.

C'est au cours de sa démarche Réseau qu'il a rencontré l'un de ses anciens fournisseurs qui lui a proposé de l'engager comme directeur général adjoint en charge du commercial de son cabinet de conseil en marketing. Avec, à la clé, la possibilité de devenir l'actionnaire principal et le patron du cabinet à une échéance de cinq ans.

Cas n° 18

Isabelle : quand le recrutement passe par un *assessment*

Bilan/projet

Isabelle, quarante-sept ans, ESCP, est directrice générale de la filiale française d'une société d'articles de puériculture. En désaccord stratégique avec le président fondateur de la société, Isabelle quitte l'entreprise après une longue et difficile négociation.

L'objectif d'Isabelle est de retrouver un poste de directeur général dans le secteur de la mode et du luxe.

Stratégie

Chasseurs de têtes : envoi d'un mailing aux grands cabinets français anglais, belges et suisses.

Fonds d'investissement : approche systématique des fonds d'investissements ayant des participations dans le secteur de la mode et du luxe.

Réseau : forte activation du Réseau sur une sélection de directeurs généraux d'entreprises et auprès de connecteurs (patrons d'agences de publicité, d'agences Web, etc., consultants) branchés sur son secteur cible.

Job boards : veille sur Manageurs.com, Cadremploi, Apec, Indeed.fr, LinkedIn, Viadeo, etc.

Lettres d'approche directe : envoi d'une vague de lettres ciblées après quatre mois de recherche.

Candidatures spontanées : pas d'action.

Résultat

Après huit mois de recherche intensive, Isabelle prend son poste de directeur général d'une société de textiles à la suite d'une chasse détectée par son réseau.

Chiffres

85 chasseurs de têtes identifiés et contactés par e-mail ;

23 rendez-vous chasseurs de têtes ;

12 rendez-vous avec des fonds d'investissements ;

87 rendez-vous Réseau ;

28 réponses à annonces ;

12 lettres d'approche directe ;

0 candidature spontanée ;

5 pistes identifiées ;

14 entretiens de recrutement (dont 5 pour le poste obtenu).

Commentaires

Isabelle a décroché son poste grâce au Réseau qui lui a parlé d'une chasse en cours. Ayant réussi à intégrer la *shortlist* du chasseur, Isabelle a passé un *assessment* d'une journée entière où elle a été particulièrement efficace. Les *assessments* étant

Cas n° 19

encore une pratique rare dans le cadre du recrutement de directeur général, je lui ai présenté deux de mes anciens clients qui ont vécu une telle expérience et qui ont pu lui donner les bons conseils pour être la plus performante possible.

Cas n° 19

Olivier : une recherche réussie aux antipodes

Bilan/projet

Olivier, quarante-trois ans, Centrale, Insead, après une carrière effectuée essentiellement à l'étranger, est directeur industriel d'un groupe minier international. Suite à une restructuration, on lui propose un poste qu'il juge moins intéressant. Il décide de négocier son départ et demande à bénéficier d'un *outplacement*.

Son projet consiste à retrouver un poste de directeur industriel. Compte tenu de l'absence de contraintes familiales, il cherche un poste à l'étranger.

Stratégie

Chasseurs de têtes : mailing aux principaux cabinets de chasse de têtes en France, États-Unis, Grande-Bretagne, Afrique du Sud et Australie.

Fonds d'investissement : pas d'action particulière hormis quelques rares rendez-vous obtenus *via* le Réseau.

Réseau : activation du réseau de contacts internationaux d'Olivier, ainsi que des contacts de Centrale, de l'Insead et du cabinet d'*outplacement*.

Job boards : veille annonces sur Manageurs.com, Monster, Indeed, Exec-appointments.com et sur des *job boards* locaux en Australie et Afrique du Sud.

Lettres d'approche directe : envoi à des entreprises internationales spécialisées dans les matières premières.

Candidatures spontanées : trois vagues de candidatures spontanées.

Résultat

Au bout de dix mois de recherche et de déplacements à l'étranger, Olivier trouve un poste de directeur industriel d'une société industrielle basée en Australie, grâce à une candidature spontanée.

Chiffres

125 chasseurs de têtes identifiés et contactés par e-mail ;

39 rendez-vous chasseurs de têtes (dont 28 entretiens par téléphone ou *via* Skype) ;

3 rendez-vous avec des fonds d'investissement ;

87 rendez-vous Réseau ;

48 réponses à annonces ;

36 e-mails d'approche directe ;

270 candidatures spontanées (en trois vagues) ;

11 pistes identifiées ;

17 entretiens de recrutement (dont 3 pour le poste obtenu).

Cas n° 20

Commentaires

C'est *via* une candidature spontanée qu'Olivier a décroché son poste. C'était la troisième fois qu'il écrivait à la même société australienne, mais, à chaque vague, il prenait soin de choisir un destinataire différent.

Olivier a également consacré de longues heures à affûter son profil sur LinkedIn. Il a aussi pris le temps de se connecter avec tout son réseau international.

Sa recherche d'emploi l'a conduit à effectuer sept voyages à l'étranger (États-Unis, Brésil, Afrique du Sud, Australie, etc.) pour rencontrer des recruteurs, puis des décideurs.

Cas n° 20

Frédéric : les chasseurs chassent aussi à Londres

Bilan/projet

Frédéric, quarante-neuf ans, maîtrise de droit et troisième cycle de finances à Dauphine, est directeur financier d'une société spécialisée dans la distribution quand il se fait licencier suite à une décision du fonds d'investissement propriétaire de l'entreprise de renouveler toute l'équipe dirigeante. Son objectif est de prendre la direction générale d'une entreprise dans le même secteur.

Stratégie

Chasseurs de têtes : envoi d'un mailing aux grands cabinets en France, ainsi qu'à quelques chasseurs en Angleterre, Belgique et Suisse.

Fonds d'investissements : quelques rencontres avec des gérants de fonds.

Réseau : activation de contacts *via* le réseau du cabinet d'*outplacement*, de l'association des directeurs financiers (DFCG) et des anciens de Dauphine.

Job boards : alertes et veille sur Manageurs.com, Cadremploi, Apec, Indeed.fr, Exec-appointments.com, LinkedIn et Viadeo.

Lettres d'approche directe : envoi au rythme de trois lettres par mois.

Candidatures spontanées : envoi d'une vague au cinquième mois de recherche.

Autres : adhésion au réseau Daubigny (réseau de cadres en recherche d'emploi).

Résultat

Frédéric prend son poste de directeur général d'une société à la suite d'une chasse menée par un cabinet anglais. Sa recherche d'emploi a duré sept mois.

Chiffres

73 chasseurs de têtes identifiés et contactés par e-mail ;

18 rendez-vous chasseurs de têtes ;

10 rendez-vous avec des fonds d'investissements ;

7 rendez-vous Réseau ;

18 réponses à annonces ;

23 lettres (ou e-mails) d'approche directe ;

108 candidatures spontanées ;

5 pistes identifiées ;

11 entretiens de recrutement (dont 4 pour le poste obtenu).

Commentaires

La société internationale anglaise qui a recruté Frédéric est passée par un grand cabinet de chasse international pour lui

Cas n° 21

confier le recrutement du directeur financier de sa filiale en France. C'est l'un des associés du cabinet de Londres qui a reçu l'appel et traité le dossier sur place. Son chargé de recherche a effectué les premiers entretiens par téléphone ; puis les rendez-vous *de visu* avec le chasseur et les décideurs de la société se sont déroulés dans la capitale britannique.

À noter que l'antenne française de ce grand nom de la chasse de têtes n'est pas du tout intervenue dans ce recrutement pour la France.

Cas n° 21

Jean-Marc :
un suivi scrupuleux
et une belle force
de conviction

Bilan/projet

Jean-Marc, cinquante ans, licence en droit, est directeur du développement dans le domaine de l'édition. Compte tenu des difficultés de sa société, il décide de prendre l'initiative de négocier un départ à l'amiable.

Son projet est de trouver le même type de poste dans le secteur de l'édition, des médias ou du Web.

Stratégie

Chasseurs de têtes : envoi d'un mailing aux cabinets de chasse français, ainsi qu'aux chasseurs anglais, belges et suisses.

Fonds d'investissement : pas d'action.

Réseau : forte activation du Réseau sur une sélection de directeurs généraux d'entreprises et auprès de connecteurs, d'informateurs et de veilleurs.

Cas n° 22

Job boards : veille sur Manageurs.com, Cadremploi, Apec, Indeed.fr, LinkedIn et Viadeo.

Lettres d'approche directe : envoi à quelques cibles bien renseignées.

Candidatures spontanées : envoi d'une vague au troisième mois de recherche.

Résultat

Sept mois après le début de sa recherche, Jean-Marc prend son poste de directeur commercial d'une société du secteur du Web à la suite d'une annonce repérée par son consultant en *outplacement*.

Chiffres

85 chasseurs de têtes identifiés et contactés par e-mail ;

13 rendez-vous chasseurs de têtes ;

57 rendez-vous Réseau ;

18 réponses à annonces ;

9 lettres d'approche directe ;

67 candidatures spontanées ;

5 pistes identifiées ;

11 entretiens de recrutement (dont 4 pour le poste obtenu).

Commentaires

Jean-Marc a répondu à une annonce détectée par son consultant en *outplacement*. Quatre jours après l'envoi de sa candidature, il appelle la société et est mis en relation avec le DRH.

Celui-ci retrouve sa candidature dans la pile et lui explique qu'il n'est pas retenu dans la *shortlist*, car son profil est trop éloigné des caractéristiques du poste. Jean-Marc ne se démonte pas. Il fait détailler les objections et y répond point par point. Au bout de quinze minutes d'entretien, le DRH se range à son avis et lui dit qu'il va en parler au décisionnaire : le directeur général. Le soir même, Jean-Marc reçoit un appel de la secrétaire du directeur général pour fixer un premier entretien.

Moralité : lorsqu'on répond à une annonce intéressante, il est essentiel d'assurer un suivi scrupuleux auprès du recruteur si celui-ci est identifié.

Jean-Marc explique également son succès par le fait que les nombreux entretiens Réseau effectués lui ont permis de ciseler son discours et de gagner en confiance.

Cas n° 22

Mathieu : réseau et opportunisme

Bilan/projet

Mathieu, cinquante-trois ans, maîtrise de gestion, est directeur de la logistique dans une société de transport européenne et se retrouve sans emploi lorsque son entreprise met subitement la clé sous la porte. Le projet de Mathieu est de trouver un poste de directeur de la logistique dans le secteur des transports ou des services *B to B* nécessitant une forte logistique.

Stratégie

Chasseurs de têtes : envoi d'un mailing sur les grands cabinets en France, Angleterre, Belgique et Suisse.

Fonds d'investissements : quelques contacts *via* le Réseau.

Réseau : forte activation du Réseau sur une sélection de directeurs généraux d'entreprises dans le domaine des transports et des services associés.

Job boards : veille sur Manageurs.com, Cadremploi, Apec, Indeed.fr, Exec-appointments.com, LinkedIn et Viadeo.

Lettres d'approche directe : envoi de lettres ciblées à partir du quatrième mois de recherche.

Candidatures spontanées : pas d'action.

Résultat

Au bout de six mois de recherche, Mathieu trouve son nouveau poste de directeur de la logistique d'une société de services aéroportuaires grâce au Réseau.

Chiffres

81 chasseurs de têtes identifiés et contactés par e-mail ;

15 rendez-vous chasseurs de têtes ;

3 rendez-vous avec des fonds d'investissement ;

67 rendez-vous Réseau ;

38 réponses à annonces ;

7 lettres d'approche directe ;

0 candidature spontanée ;

4 pistes identifiées ;

11 entretiens de recrutement (dont 3 pour le poste obtenu).

Commentaires

Mathieu a été informé par son réseau que le directeur logistique d'une entreprise cible venait de démissionner. *Via* un connecteur, il a pu être mis en contact avec le démissionnaire qui lui a vivement conseillé d'appeler le P-DG de sa part et lui a donné les points clés à mettre en avant pour maximiser ses chances de décrocher le poste vacant.

Cas n° 23

Yves : le réseau,
ce sont les opérationnels

Bilan/projet

Yves, quarante-six ans, Essec, est directeur général adjoint d'une filiale d'un groupe industriel. On lui a gentiment demandé de partir quelques mois après le licenciement de son directeur général avec qui il formait une équipe soudée. Yves recherche un poste de directeur général en France, aux États-Unis ou en Europe de l'Ouest.

Stratégie

Chasseurs de têtes : envoi d'un mailing aux grands cabinets en France, Allemagne, Angleterre, États-Unis, Belgique et Suisse.

Fonds d'investissement : mises en contact *via* le réseau avec des gérants de fonds.

Réseau : activation de contacts *via* les anciens de l'Essec, le réseau de Yves, le réseau du cabinet d'*outplacement* et le réseau Daubigny.

Job boards : veille sur Manageurs.com, Cadremploi, Apec, Indeed.fr, Exec-appointments.com, LinkedIn, Viadeo et les annonces des anciens de l'Essec.

Lettres d'approche directe : pas d'action.

Candidatures spontanées : pas d'action.

Résultat

Après onze mois, Yves décroche un poste de directeur général d'une société à la suite d'un suivi assidu du Réseau.

Chiffres

91 chasseurs de têtes identifiés et contactés par e-mail ;

23 rendez-vous chasseurs de têtes ;

10 rendez-vous avec des fonds d'investissements ;

127 rendez-vous Réseau ;

38 réponses à annonces ;

0 lettre d'offres de services ;

0 candidature spontanée ;

5 pistes identifiées ;

11 entretiens de recrutement (dont 4 pour le poste obtenu).

Cas n° 24

Commentaires

Yves a pris contact avec l'un de ses anciens camarades de l'Essec qui était membre du Comité de direction d'un grand groupe français. Son ami d'école lui a répondu qu'il n'avait pas le temps de le voir (échec de la démarche réseau) et qu'il demandait au DRH du groupe de le rencontrer. Yves a donc vu le DRH qui a trouvé son profil intéressant et lui a promis de l'appeler si une opportunité se présentait.

Trois mois après ce rendez-vous, sans nouvelles du DRH, Yves a voulu l'appeler pour le relancer. Je lui ai conseillé plutôt de reprendre contact avec son camarade de l'Essec et d'insister pour le rencontrer afin de bénéficier de ses conseils. Le rendez-

vous Réseau a été accepté et a permis d'identifier deux recrutements en cours dans le groupe ! Yves a rencontré dans la foulée
les deux patrons opérationnels qui cherchaient à renforcer leur
équipe et décroché l'un des deux postes. Deux ans plus tard,
Yves a été nommé directeur de la filiale chinoise et est parti
avec toute sa famille s'installer à Pékin.

Cas n° 24

Laure : médaille d'or du Réseau

Bilan/projet

Laure, quarante-six ans, maîtrise de philosophie, est directrice de la relation clients dans un grand groupe bancaire français. Elle est licenciée au plus fort de la crise économique démarrée en 2008. Compte tenu du gel des embauches dans le secteur bancaire, Laure décide de chercher le même type de poste dans le secteur des assurances et des mutuelles en France.

Stratégie

Chasseurs de têtes : envoi d'un mailing aux cabinets de chasse et de recrutement français.

Fonds d'investissements : pas d'action.

Réseau : activation de contacts de son réseau, du cabinet d'*outplacement* et d'EPWN.

Job boards : veille sur Cadremploi, Apec, Indeed.fr, LinkedIn, Viadeo et Twitter.

Lettres d'approche directe : pas d'action.

Candidatures spontanées : pas d'action.

Résultat

Après treize mois, Laure prend un poste de directeur marketing d'une mutuelle grâce au Réseau.

Chiffres

126 chasseurs de têtes et cabinets de recrutement identifiés et contactés par e-mail ;

33 rendez-vous chasseurs de têtes et cabinets de recrutement ;

176 rendez-vous Réseau ;

48 réponses à annonces ;

19 lettres d'offres de services ;

0 candidature spontanée ;

6 pistes identifiées ;

16 entretiens de recrutement (dont six pour le poste obtenu).

Commentaires

Laurence a réalisé un remarquable travail de *Networking* dans la mesure où, dans deux secteurs où elle ne connaissait personne, elle est arrivée à rencontrer un grand nombre de décideurs.

Elle a appris la démarche de Réseautage et l'a particulièrement bien appliquée. Elle n'a essuyé que deux refus de rendez-vous, à comparer aux cent soixante-seize entretiens Réseau effectués. Elle explique son succès par trois facteurs clés :

- la technique du *Networking* et l'accompagnement de son consultant dans ce domaine ;

- le plaisir qu'elle a pris à rencontrer beaucoup de personnes intéressantes et bienveillantes dans les secteurs qu'elle ciblait ;

- sa ténacité, car obtenir un rendez-vous Réseau auprès d'une personne qui renâcle constitue un défi qui la motive beaucoup.

Cas n° 25

Partie 4

Outils

Questionnaire « miroir »

Ce questionnaire permet de réaliser un retour d'image professionnel et vous aide à mieux comprendre comment ceux qui vous côtoient au travail vous perçoivent.

Voici le modèle de courrier ou d'e-mail à envoyer à :

- deux ou trois anciens supérieurs ;
- deux ou trois pairs (anciens clients, fournisseurs ou collègues, sans liens hiérarchiques avec vous) ;
- deux ou trois ex-collaborateurs, c'est-à-dire des personnes que vous supervisiez.

Bonjour,

J'effectue actuellement un diagnostic de carrière et je sollicite votre contribution à cet exercice important pour moi. Merci de répondre en toute franchise par retour de courrier (ou par e-mail) aux six questions suivantes :

- *quels sont mes points forts et mes points d'amélioration ?*
- *quel est mon style de management ?*
- *quels sont les principaux traits de ma personnalité ?*
- *dans quels types de métier/poste me verriez-vous évoluer dans l'avenir ?*
- *quels conseils me donneriez-vous pour y arriver ?*
- *si trois mots devaient me caractériser, lesquels choisiriez-vous ?*

Je vous remercie d'avance pour votre aide et vous adresse mon meilleur souvenir.

L'idéal est de demander que les réponses soient directement adressées à la personne qui vous accompagne dans votre transition de carrière. Celle-ci effectuera la synthèse des réponses qu'elle vous présentera en respectant l'anonymat des personnes ayant répondu.

Motivations personnelles

Classez par ordre (de 1 à 10) les différentes motivations suivantes :

- sécurité/stabilité ;
- argent/revenus ;
- pouvoir/responsabilités ;
- liberté/autonomie ;
- management ;
- défi/challenge ;
- équilibre familial ;
- expertise/spécialisation ;
- plaisir/loisirs ;
- équipe.

Outil 2

Réalisations

Réalisation n° :

Contexte :...
....

Problème posé : ....
....

Actions menées :...
....

Résultat pour l'entreprise et pour moi : ....
....

Compétences mises en œuvre :...
....

Qualités exprimées : ....
....

Outil 3

Talents et passions

Une fois que vous avez revisité votre histoire professionnelle en profondeur, complétez les phrases suivantes :

✗ J'excelle dans…

✗ On me reconnaît un talent dans…

✗ J'aime beaucoup faire…

✗ Je suis passionné par…

✗ J'ai fortement contribué à…

✗ On me demande souvent mon aide pour…

✗ Je rêverais de…

✗ Je serais frustré de ne pas pouvoir…

Outil 4

Le job idéal

✘ Titre :

✘ Rôle :

✘ Responsabilités :

✘ Positionnement hiérarchique :

✘ Supervision :

✘ Compétences nécessaires :

✘ Qualités exigées :

✘ Localisation :

✘ Salaire :

✘ Avantages annexes :

✘ Autres éléments :

Outil 5

Synthèse pour action

État-civil

Ma formation

Mon parcours professionnel

Mes principales réalisations

Mon principal échec

Ma raison de départ

Mes points de vigilance

Noms de mes références

Mon objectif
professionnel

Mes cibles

Conditions de travail
recherchées

Ma rémunération cible

Mon style de communication

Mon style de management

Mes principales compétences

Mes principales qualités

Mes points de différence

Mes mots clés

Mes valeurs

Mon moteur

Mon savoir faire unique

Diagnostic de projet professionnel

Votre projet est-il réaliste ?

- par rapport à votre formation ?
- par rapport à votre parcours professionnel ?
- par rapport à votre personnalité ?
- par rapport à vos principales compétences ?
- par rapport à vos besoins financiers ?
- par rapport à votre situation familiale ?

Votre projet est-il réalisable ?

- sur le marché que vous visez ?
- rapidement ?
- selon les professionnels à qui vous l'avez présenté ?
- sur les cibles que vous visez ?

Votre projet est-il convaincant ?

- y croyez-vous vous-même ?
- votre communication est-elle « impactante » ?
- donne-t-il aux autres l'envie de vous aider ?

Mapping des cibles

Sociétés cibles

Industrie matériaux de construction
Saint-Gobain :
Placoplatre, Isover, Lapeyre, Isoroy, Velux
Karcher
Lafarge

Distribution fourniture indust.
Martin
Oréfi
Anjac
Descours & Cabaud

Industrie chauffage/sanitaire
Atlantic
Bosch-ELM
Baxi
Groupe Muller
MTS
Saunier Duval
Roca
American Standard
Acome
Airwell
Finimetal
France Air
Daikin
Zehnder
Riello
Villeroy & Boch

Distribution P.D automobiles
Auto Distrib
Auto Union
Speedy
Midas
Starexcel

Industrie fourniture industrielle
Bacou Dalloz
Norgren
Air Liquide
Welding
Siplast
Tarkett
SKF
Hutchinson
SNR

Industrie appareils ménagers
Fagor-Brandt
Philips
Indésit
Ariston
Bosch
Electrolux
Whirlpool
Seb

Distribution électrique
Sonepar
Agidis
Rexel

Distribution chauffage sanitaire
Cedeo
Point P
Groupe Martin
Socoda–Brossette

Distribution appareils ménagers et non-alimentaire
Darty
But
Carrefour
Conforama

Industrie électrique
Legrand
Schneider Electric
Delta Dore

E-mail chasseur de têtes

Objet : Recherche d'un poste de Directeur Général - Secteur des biotechnologies

Madame,

Fort de vingt ans d'expérience dans l'industrie pharmaceutique, dont trois années de direction de Business Unit chez Medicapharm, suivies de quatre années de direction générale en Europe chez Healthcare Worldwide, je recherche aujourd'hui une direction générale dans le secteur des biotechnologies.

Mes différents postes m'ont donné une solide expertise du management dans des contextes internationaux complexes et du développement de business sur des marchés en transformation rapide.

Je suis à votre disposition pour vous rencontrer dans le cadre de vos missions correspondant à mon profil.

Dans cette attente, je vous prie d'agréer, Madame, mes salutations distinguées.

Hervé Bommelaer

06 60 43 66 24

PS : vous trouverez mon CV en pièce jointe.

Lettre d'approche directe

Hervé Bommelaer

6, avenue Franklin Roosevelt

75008 Paris

> *Monsieur Pierre Mémorable*
>
> *Président*
>
> *Groupe PST DYNAMICS*

Monsieur le Président,

La stratégie de croissance à l'international de votre groupe implique une augmentation considérable de son exposition à la concurrence des pays asiatiques. Dans ce contexte, votre stratégie industrielle et commerciale doit plus que jamais s'orienter vers une implantation au cœur des pays producteurs et des marchés de demain. L'acquisition de China Electronics que votre Groupe vient d'effectuer vous permet une implantation sur le marché chinois riche en potentiel de développement. Cependant cette décision stratégique ne portera ses fruits que si vous évitez les nombreux pièges que recèle ce marché et dans lesquels de nombreuses sociétés françaises (comme Yyyy, Zzzz, Xxx) sont récemment tombées.

C'est dans ce cadre que je peux mettre au service de votre entreprise mon expertise de directeur de filiales en Asie et plus particulièrement en Chine, où je viens de passer les dix dernières années. En effet, après un début de carrière dans les secteurs de l'ingénierie et de l'industrie au sein des sociétés AGILE et ALERTE, j'ai rejoint le Groupe BIG en 1997 pour l'accompagner dans son développement international et sa mutation. C'est ainsi que j'ai créé, développé et dirigé des filiales à Singapour, puis en Chine, pays qui représentent aujourd'hui plus de 30 % du chiffre d'affaires du groupe.

Cette expertise de directeur de filiales en pays prioritaires m'a amené plus particulièrement à :

- *mettre en œuvre les opérations d'acquisition et de restructuration en Asie et notamment en Chine ;*
- *négocier des contrats complexes pour des activités variées (unités industrielles, contrats commerciaux, acquisition de locaux, etc.) ;*
- *assurer un reporting complet et régulier vis-à-vis du siège ;*
- *veiller aux bonnes relations avec les autorités locales (maires, Parti communiste, familles puissantes, etc.) ;*
- *parfaitement maîtriser le mandarin (ma femme est chinoise).*

Je souhaiterais vous rencontrer pour étudier avec vous les modalités d'une collaboration professionnelle adaptée à vos besoins. Je vous propose, si vous êtes d'accord, de vous appeler prochainement pour convenir d'un rendez-vous à votre meilleure convenance.

Je vous prie d'agréer, Monsieur, mes salutations distinguées.

Hervé Bommelaer

Outil 10

Réponse à annonce

Référence : Annonce
Cadremploi n° CE44672 du 4 juillet 2013 -
Directeur Général -
Électronique maritime

Monsieur,

L'annonce parue sur Cadremploi faisant état de la recherche d'un directeur général dans le secteur de l'électronique maritime a retenu toute mon attention.

Vous cherchez en effet un professionnel qui concilie :

- *une solide capacité à développer l'entreprise par son sens du résultat et son pragmatisme ;*
- *une réelle aptitude à mobiliser les équipes en place et à mettre en œuvre sur le terrain la stratégie du groupe ;*
- *et une expérience réussie de conduite du changement en environnement international.*

De formation Centrale Nantes complétée par l'Executive MBA d'HEC, passionné par le milieu maritime, j'ai :

- *piloté le développement de centres de profit de tailles variées ;*
- *défini la stratégie de développement des entités dont j'avais la charge ;*

- mis en œuvre avec succès ces stratégies au service des clients et de l'entreprise ;
- assuré la gestion opérationnelle au quotidien et dans des périodes de crise ;
- managé des équipes pluridisciplinaires de plus de cent personnes et géré des budgets annuels dépassant 25 millions d'euros ;
- exercé une grande exigence sur la maîtrise des budgets, des coûts, des délais et sur la qualité de la relation client dans la durée.

Par ailleurs, depuis neuf mois, je me suis beaucoup intéressé au secteur de la marine puisque j'ai mené une mission de management de transition en tant que directeur général de Titan Electronic Boat en Irlande.

La conjugaison de mes compétences me permet de prendre en charge rapidement la responsabilité globale d'un site en profonde mutation.

Je serais ravi de vous rencontrer pour vous convaincre de la bonne adéquation entre mes compétences, ma motivation et les enjeux de votre entreprise.

Dans l'attente d'un prochain entretien, je vous prie d'agréer, Monsieur, mes salutations distinguées.

Hervé Bommelaer

Outil 11

E-mail de prise de contact Réseau

Premier modèle

Objet : Demande de conseils

Cher Monsieur,

Je prends contact avec vous de la part de Pierre-Jacques Bertrand, qui m'a vivement conseillé de vous rencontrer afin de bénéficier de vos conseils.

Diplômé de l'Edhec 1988, j'ai effectué toute ma carrière dans la finance et dans le domaine des services (Téléperformance, DHL, American Express), et je viens de quitter Globus, où j'occupais le poste de directeur financier Europe.

Aujourd'hui, j'ai le projet de prendre le même type de poste dans les télécommunications, dont vous êtes un excellent connaisseur. Dans cette perspective, Pierre-Jacques considère que vous pourriez utilement m'aider en validant l'adéquation de mes compétences à cet univers en mutation rapide.

Si vous êtes d'accord sur le principe d'une rencontre, je vous propose d'appeler demain votre secrétariat pour fixer un rendez-vous à votre convenance.

Dans cette attente, je vous prie d'agréer, cher Monsieur, mes salutations distinguées.

Hervé Bommelaer

Plusieurs points sont à souligner :

– Toujours bénéficier d'une recommandation et ne pas hésiter à la citer deux fois dans le texte.

– Se présenter de façon concise. NE JAMAIS JOINDRE DE CV !

– Soigner sa demande. Elle doit être courte, claire et adaptée à chaque interlocuteur. Ne faites pas la même demande à chaque personne du Réseau !

– Gardez la main. N'attendez pas que l'on vous réponde par e-mail ou que l'on vous appelle, proposez d'appeler le lendemain.

– Faites attention aux règles de la politesse et aux fautes de frapppe et d'hortograffe !

Variante

Objet : Demande de rendez-vous
sur les conseils d'Hervé Bommelaer

Monsieur,

Je prends contact avec vous de la part d'Hervé Bommelaer, qui m'a vivement conseillé de vous rencontrer afin de bénéficier de votre expertise.

Diplômé de l'ESSEC (1988), j'ai effectué toute ma carrière dans le secteur automobile (Renault, Ford, Fiat), et dernièrement Simca, où j'occupais le poste de directeur général France.

Aujourd'hui, mon objectif est de me repositionner dans le secteur aéronautique, que vous connaissez particulièrement bien.

Outil 12

Dans cette perspective, Hervé considère que vous pourriez m'aider à mieux comprendre les enjeux de ce secteur et les entreprises à approcher en priorité.

Si vous êtes d'accord sur le principe d'une rencontre, je vous propose d'appeler demain votre secrétariat pour fixer un rendez-vous à votre convenance.

Dans cette attente, je vous prie d'agréer, Monsieur, mes salutations distinguées.

Pierre Marcel

Outil 12

Check-list d'appel Réseau

1. Suis-je dans un endroit calme où je suis sûr de ne pas être dérangé ?

2. Suis-je dans un bon jour, en forme, la voix claire ?

3. Est-ce que je dispose d'un téléphone qui fonctionne correctement ?

4. Ai-je mon agenda sous la main ?

5. Suis-je équipé d'un papier et d'un crayon ?

6. Ai-je bien noté le nom exact de mon futur interlocuteur, son titre, le nom de sa société, toutes ses coordonnées, le nom de la personne qui m'a recommandé de l'appeler ?

7. Mon scénario d'appel est-il prêt ? Les premières phrases écrites et les points clés notés ? L'ai-je bien en tête ?

8. Suis-je à l'aise avec les phrases de déminage ?

9. Ai-je bien éteint mon portable à côté de moi, si je téléphone d'un poste fixe ?

10. Suis-je prêt à enchaîner les appels afin de bénéficier de la spirale du succès ?

Scénario d'appel Réseau

— Bonjour, pourrais-je parler à Monsieur Pierre Dupond ?

— Lui-même.

— Je m'appelle Éric Durand et je vous appelle de la part d'Hervé Bommelaer.

— Et ?

— Avez-vous quelques instants à m'accorder ?

— Oui, je vous écoute, mais soyez bref, j'ai une réunion qui commence dans cinq minutes.

— Je suis directeur marketing, actuellement en phase de repositionnement professionnel. Le secteur des nouvelles technologies est un secteur que je cible en priorité et Hervé Bommelaer m'a chaudement recommandé de vous rencontrer pour bénéficier de vos conseils pour approcher efficacement cet univers.

— Je vous préviens tout de suite, nous n'embauchons personne en ce moment.

— Rassurez-vous, je ne vous demande pas un poste, je cherche juste à recueillir des informations et des conseils auprès de professionnels du secteur comme vous.

— Oh c'est simple, le secteur est bouché et il n'y a rien à dire de plus.

— Serait-il possible que l'on se rencontre pour que vous m'expliquiez votre analyse et votre vision du marché ?

– Je suis très pris dans les semaines à venir, je n'ai vraiment pas le temps de vous rencontrer.

– Je peux attendre. À partir de quand auriez-vous plus de disponibilités pour me rencontrer ? Hervé Bommelaer m'a dit que vous étiez la personne la plus à même de me donner les informations que je recherche.

– Bon, si Hervé vous a dit cela, voyons-nous à mon retour de Chine. Le mardi 6 mai à 18 heures 30. Cela vous convient ?

– Parfaitement. C'est noté. Votre bureau est bien 6, avenue Franklin Roosevelt ?

– Oui.

– Je vous redonne mon nom : Éric Durand. Et mon numéro de téléphone : 06 66 43 25 12.

– C'est bien noté.

– Je vous remercie. Au revoir.

– Au revoir.

Check-list d'entretien Réseau

1. Ai-je bien préparé mon entretien Réseau ?

2. Me suis-je bien renseigné sur l'entreprise ?

3. Suis-je bien parti avec la bonne adresse et l'itinéraire pour m'y rendre ?

4. Ai-je bien pris des renseignements sur la personne qui me reçoit et ses liens avec le connecteur ?

5. Ai-je bien imprimé et lu ses profils LinkedIn et Viadeo ?

6. Suis-je ponctuel ?

7. Ai-je des cartes de visite sur moi ?

8. Ai-je bien pris ma montre ?

9. Ai-je préparé mes questions ?

10. Suis-je au point sur mon déroulé d'entretien ?

11. Ai-je de quoi prendre des notes ?

12. Ai-je bien en tête le nom du connecteur ?

13. Ai-je bien ma PP2M en tête ?

14. Suis-je bien clair et précis sur ma demande ?

15. Suis-je habillé comme un professionnel du métier ?

16. Ai-je bien laissé mes CV à la maison ?

17. Ai-je bien éteint mon téléphone portable ?

18. Ai-je bien pensé à être aimable avec l'hôtesse d'accueil et la secrétaire ?

19. Suis-je prêt à afficher mon meilleur sourire ?

20. Ai-je bien prévu de remercier par e-mail mon interlocuteur dans les vingt-quatre heures qui suivent l'entretien ?

Outil 15

L'entretien Réseau en dix étapes

1. Bonjour, nom

C'est la moindre des politesses. Attention ! Le stress peut accélérer votre débit de parole ou vous faire avaler les syllabes de votre nom.

2. Rappel de la recommandation

C'est essentiel, car très souvent votre interlocuteur vous prend entre deux rendez-vous et il ne se souvient plus du tout de qui vous êtes, pourquoi vous venez et qui vous envoie ! De même, cela va lui permettre d'effectuer un « échauffement social » se traduisant par une question du type : « *Paul ! Comment va-t-il ?* » ; ou : « *Paul ! Comment le connaissez-vous ?* »

3. Validation du temps

C'est une question là encore de politesse et de professionnalisme. En rappelant à votre hôte la durée prévue de l'entretien, vous le mettez à l'aise. C'est à vous d'être vigilant vis-à-vis du temps. C'est aussi une question d'efficacité, car cinq minutes avant la fin prévue du rendez-vous, il faudra lui demander des noms de contacts.

Outil 16

4. Rappel succinct de la démarche

Cela consiste à lui rappeler en quelques mots pourquoi vous êtes là et ce que vous attendez de lui : validation, information, conseils, etc.

5. Proposition de plan

Vous tenez le volant, c'est donc à vous de proposer le plan de l'entretien. Laissez à votre interlocuteur le temps de vous donner son accord.

6. Présentation personnelle en deux minutes (PP2M)

Voir plus loin l'outil n° 17 (page 219).

6 bis. Option : et vous ?

C'est la possibilité que vous pouvez offrir à votre interlocuteur de se raconter. À utiliser si vous êtes certain que vous n'êtes pas en face d'un grand bavard.

7. Demande précise

C'est le moment de préciser votre demande et de poser, le cas échéant, les questions que vous avez préparées.

8. Écoute, dialogue

Phase d'écoute active. Vous avez le droit de prendre des notes.

9. Obtention et validation des recommandations, liste le cas échéant

Cinq minutes avant la fin prévue de l'entretien, remerciez votre interlocuteur et posez la question ouverte sur les personnes qu'il serait intéressant de rencontrer dans le cadre de votre démarche.

Il faut faire appel à sa créativité sans la brider par une question fermée.

Si votre interlocuteur n'a pas d'idée, vous devez l'aider en évoquant des noms de cibles (entreprises ou personnes). Ne sortez pas une liste tapée que vous lui collez sous le nez ! Attention à l'effet « presse-citron », une telle attitude risque de ruiner l'impression que vous avez faite jusque-là. S'il vous donne des noms, validez bien que vous pouvez appeler ces personnes de sa part !

10. Remerciements, phrases magiques

Le moment est venu de partir. Remerciez en soulignant ce que vous a apporté cet entretien. Dites bien à votre interlocuteur que, bien entendu, vous le tiendrez au courant des entretiens que vous allez mener à la suite des recommandations qu'il vous a données, ainsi que de la suite de votre parcours.

À noter : vous pouvez donner votre carte de visite au début de l'entretien, au moment de votre PP2M, ou quand vous prenez congé. À vous de juger. Pour ma part, je préfère la donner au début de l'échange, cela fait plus « professionnel à professionnel ».

N'emportez jamais de CV, car vous seriez tenté de le donner… En revanche, dans certains cas, vous pouvez laisser votre « fiche Réseau » (voir outil n° 21, page 229). Mais ne le faites pas

Outil 16

systématiquement : pour certains interlocuteurs, cet outil est pertinent ; pour d'autres, il peut s'avérer contre-productif.

Ces dix points constituent une trame classique. Vous pouvez et devez l'adapter, en fonction de votre personnalité et surtout de vos interlocuteurs.

Outil 16

La Présentation personnelle en 2 minutes (PP2M)

L'attention moyenne d'un être humain est limitée à deux minutes environ. C'est donc le temps que vous avez pour dire l'essentiel sur vous en vous présentant au début d'un entretien Réseau (et plus tard d'embauche).

En deux minutes, vous devez :

✘ Permettre à votre interlocuteur de retenir l'essentiel sur vous.

✘ Faire une première bonne impression par la précision et la concision de votre propos.

✘ Créer les conditions d'un entretien productif.

Pour maximiser la mémorisation, il faut dire des choses simples avec des mots clairs et pertinents. Pour être efficace, il convient de minutieusement préparer son *pitch*. Pour cela, écrivez au mot près votre présentation en deux minutes. Adoptez un langage parlé et choisissez chaque mot avec minutie. Écrivez des phrases courtes et utilisez des mots et des verbes d'action précédés du pronom personnel « je ». Puis, répétez, répétez et répétez encore.

La garantie d'efficacité de la présentation réside dans sa structuration. Aussi, construisez vos deux minutes de discours pour faciliter la mémorisation de votre interlocuteur. Pensez à l'aider en citant les têtes de chapitres et en observant une respiration entre deux parties distinctes. Pour cela, je vous propose un plan en cinq parties (voir la page suivante).

Outil 17

Plan de la PP2M

État civil

Nom : Je m'appelle...

Âge : ... (optionnel)

Situation familiale : ... (optionnel)

Formation : ...

Métier

Mon métier, c'est...

Parcours professionnel

Mon parcours professionnel...

Compétences professionnelles (optionnel)

J'ai quatre compétences professionnelles principales :

✗ Ma première compétence, c'est...

✗ Ma deuxième compétence, c'est...

✗ Ma troisième compétence, c'est...

✗ Enfin, ma quatrième compétence, c'est...

Mon projet

Mon projet, c'est...

Exemple de PP2M

Je m'appelle Paul Durand. J'ai quarante-trois ans. Je suis marié, j'ai deux jeunes garçons. Je suis diplômé de l'EDHEC, complété par un DESS de marketing à Dauphine.

Mon métier : je suis directeur du marketing. Ces trois dernières années, j'ai occupé cette fonction chez Globus France.

Mon parcours professionnel a commencé en 1990 chez Nestlé en tant que chef de produit. En 1996, j'ai rejoint Henkel pour occuper les fonctions de chef de groupe, puis directeur du marketing dans la division des lessives. En 2000, j'ai été contacté par un chasseur de têtes et suis entré chez Globus France afin de prendre la responsabilité du marketing de la branche produits frais. Ma mission a consisté à lancer, en 2002, la célèbre marque Glob sur le marché français. En six ans, cette dernière a pris 18 % de parts de marché et est devenue le numéro deux du marché.

Aujourd'hui, j'ai quatre principales compétences.

Ma première compétence, c'est la maîtrise de tous les aspects du marketing : analyse marché, définition de la stratégie et optimisation du marketing-mix.

Ma deuxième compétence, c'est une solide expertise en matière de lancement ou de repositionnement de marque.

Ma troisième compétence, c'est le management d'équipe : recrutement, animation et motivation.

Enfin, ma quatrième compétence, c'est la parfaite maîtrise de l'anglais et le goût et la capacité à travailler dans un environnement international.

Mon projet actuel est de prendre la direction marketing Europe d'un groupe alimentaire international.

Outil 18 (suite)

Modèle de compte rendu d'entretien Réseau

Compte rendu d'entretien Réseau

Date de l'entretien :

Nom de l'interlocuteur :

Société :

Adresse :

Téléphone :

E-mail :

LinkedIn :

Nom de la secrétaire :

Nom du connecteur :

Impression globale :

Points d'amélioration :

Validation de mon projet :

Ce que j'ai appris sur lui (elle) :

Ce que j'ai appris sur sa société :

Ce que j'ai appris sur le métier :

Ce que j'ai appris sur le secteur, le marché, les concurrents :

Les idées que j'ai glanées :

Recommandations obtenues : nom(s), titre(s), société(s)

Ce que je lui ai promis :

Mot de remerciement envoyé le :

Suivi 1 :

Suivi 2 :

Suivi 3 :

Suivi 4 :

Outil 19

Tableau de suivi Réseau

Nom	Prénom	Société	Poste	Téléphone	Mail	LinkedIn	Adresse	Recommandation	Appel
Bison	Paul	Globus	D G	01 01 01 01 01	paulbison@globus.com		24, rue de la Paix	Paul Pot	04/06

Outil 20

Entretien	Reco. obtenues	Lettre Merci	Commentaires	Contact 4	Contact 5	Contact 6	Contact 7	Contact 8	Contact 9
18/06	J. Bert P. Bille	19/06	Voir CR	Article 04/07	Retour Bert 22/07	Retour Bille 24/07	INV. Conf. 06/09	2e entretien 10/11	Vœux 26/12

Fiche contact (à utiliser dans le Réseau)

Hervé BOM		ESSEC - 1988
47 ans	Photo	Anglais bilingue
6, ave F.-Roosevelt - 75008 Paris		Marié, 3 enfants
33 6 82 58 04 00		
herve.bomm@gmail.com		

Principales réalisations

✓ Réorientation réussie d'une activité mondiale en perte de vitesse
✓ Définition et mise en place d'une orientation stratégique pour l'activité robotique mondiale (+ 43 % en 3 ans et +100 % en 3 ans à l'export)
✓ Optimisation des effectifs sans PSE (-15 % en 3 ans sur 11 000 personnes)
✓ Regroupement de sites industriels dans 3 pays clés et construction d'un siège européen
✓ Définition et gestion de la R&D worldwide (de N°3 à N°1 mondial en 5 ans)
✓ Création d'un centre d'ingénierie de 100 personnes en France (chiffre d'affaires 46 M€)
✓ Maintien d'un climat social serein malgré une profonde réorganisation en France

Objectif professionnel

CEO International :

Poste de direction générale d'une entreprise à rayonnement international, avec une forte composante de développement et d'innovation.

Parcours professionnel

Groupe TARGET
➤ Division électronique : **CEO Worldwide** — 2006-2009
- Biens d'équipements robotisés – 1 100 PERS – CA 400 M€ - 70 % d'export
➤ Division électronique : **Directeur Amérique du Nord** — 2002-2009
- 450 PERS – CA 300 MUSD
➤ Division électronique : **Directeur activité Europe** — 1999-2002
- 250 PERS – CA 100 M€
➤ Business unit électronique : **Directeur activité France** — 1997-2006
- 100 PERS – CA 30 M€
➤ Business unit électronique : **Directeur de l'ingénierie de projet** — 1995-1997
- 40 personnes – 10 M€

McKINLEY
➤ Mission chez Legrand : **Adjoint au directeur de projet « Transformance »** — 1989-1995
- 600 personnes – 2 M€ de budget
➤ Mission chez Schneider Electric : **Chef de projet** — 1988-1989
➤ Mission chez Siemens : **Chef de projet adjoint** — 1987-1988

BONSEL
➤ Chef de projet junior — 1984-1987

Secteurs cibles

Énergie
• Nucléaire
• Solaire
• Équipement électrique

Transport
• Matériel ferroviaire
• Aéronautique
• Ingénierie des transports

Environnement
• Traitement des déchets
• Écologie industrielle

Domaines de compétences

• Définition de stratégies de développement
• Management opérationnel et international d'entités sous forme de centre de profits
• Implication dans le développement commercial et la relation client à l'international
• Gestion de l'innovation et de la mise en œuvre industrielle
• Conduite du changement
• Management, implication et motivation d'équipes interculturelles

Outil 21

Mots de remerciement et de *feedback* (manuscrits ou par e-mail)

Modèle n° 1 – E-mail de remerciement

Cher Monsieur,

Je tiens à vous exprimer mes sincères remerciements pour le très fructueux entretien que vous m'avez accordé hier.

Votre expérience et votre vision de l'avenir du marché de la… en Europe m'ont particulièrement intéressé et vont me permettre d'affiner mon ciblage du secteur.

J'ai bien noté que je pouvais appeler de votre part Messieurs X et Y, ce que je ne manquerai pas de faire dans les jours qui viennent.

Bien entendu, je vous tiendrai informé de la suite de mon parcours.

Je vous prie d'agréer, cher Monsieur, mes meilleures salutations.

Hervé Bommelaer

Modèle n° 2 – E-mail de remerciement (variante)

Madame,

Je vous remercie pour l'entretien que vous avez eu l'amabilité de m'accorder hier soir.

Vos conseils vont m'être d'une grande aide pour affiner mon projet professionnel. J'ai bien noté votre idée d'axer mon positionnement marché sur la finance internationale et de m'intéresser plus particulièrement aux sociétés anglo-saxonnes.

Par ailleurs, je prendrai contact, de votre part, avec les deux personnes que vous m'avez indiquées : Mme Y et M. X.

Comme convenu, je vous tiendrai informée de l'issue de ces rendez-vous à venir et de la concrétisation de mon projet professionnel.

Je vous prie d'agréer, Madame, mes salutations distinguées,

Hervé Bommelaer

Modèle n° 3 – E-mail d'information au connecteur

Cher Monsieur,

Suite au rendez-vous que vous m'avez accordé le jeudi 5 mai dernier, je vous informe que, grâce à votre recommandation, j'ai pu rencontrer Pierre Bertrand hier.

Ce dernier m'a brossé un tableau très complet du secteur des mutuelles en France et m'a vivement conseillé de cibler celles qui s'ouvraient à l'international. À cet effet, il m'a donné le nom de trois personnes à appeler de sa part.

Je vous remercie une nouvelle fois pour cette mise en contact et vous adresse mes meilleures salutations.

Hervé Bommelaer

Outil 22

Sélection de *job boards* (sites de recherche d'emploi)

Les incontournables

✗ Cadremploi.fr ;

✗ Manageurs.com (accessible aux anciens élèves des grandes écoles) ;

✗ Apec.fr ;

✗ Exec-appointments.com ;

✗ LinkedIn.com (la section annonces) ;

✗ Viadeo.com (idem).

Les autres généralistes

✗ Cadresonline.fr ;

✗ Pole-emploi.fr ;

✗ Monster.fr ;

✗ Keljob.fr ;

✗ Jobintree.com ;

- 123emploi.com ;
- Indeed.fr ;
- Bluesteps.com (payant) ;
- Experteer.com (payant).

Les sites de la presse

- Lesechos.fr ;
- Latribune.fr ;
- Lefigaro.fr ;
- Leparisien.fr ;
- Strategies.com ;
- Lusinenouvelle.fr ;
- Pharmaceutiques.com ;
- Lemoniteur.fr.

Les régionaux

- Regionsjob.com.

Sites d'école (réservés aux *alumni* payant leur cotisation)

- HEC ;
- Essec ;
- Edhec ;
- Sciences Po ;
- Insead.

Outil 23

Sites d'associations professionnelles

✗ Afte.fr (trésoriers d'entreprise) ;

✗ Dfcg.fr (directeurs financiers et contrôleurs de gestion) ;

✗ Gifas.asso.fr (aéronautique) ;

✗ Apecita.com (agriculture) ;

✗ Emploi.leem.com (pharmacie).

Les spécialisés

✗ Efinancialcareers.com ;

✗ Dogfinance.fr ;

✗ Jobfinance.fr ;

✗ Lesjeudis.com (informatique) ;

✗ Pharmanetwork.com (pharmacie) ;

✗ Fashionjob.com (luxe) ;

✗ Joblux.fr (luxe).

Outil 23

Liste (non exhaustive) de chasseurs de têtes

* Aldrin & Brooks ;

* Alexander Hugues International ;

* Amrop *Seeliger y Conde ;*

* Arthur Hunt ;

* Badenoch & Clark ;

* Boyden Executive Search ;

* Christine Censier Conseil ;

* CT Partners ;

* Egon Zehnder International ;

* Eric Salmon & Partners ;

* Eurosearch & associés ;

* EWK International ;

* Giudicelli International ;

* Grant Alexander ;

* Heidrick & Struggles ;

* Janus Executives ;

* Jouve & Associés ;

* Korn Ferry - Whitehead Mann Group ;

Outil 24

- Leaders Trust International ;
- Maesina Search ;
- NB Lemercier ;
- NLB Conseil ;
- Odger Bernston ;
- Ores Search ;
- Progress ;
- Proway Executive Search ;
- Robert Half ;
- Robert Walter ;
- Russel Reynolds ;
- Search Partners International ;
- Segalen & Associés ;
- Signium International ;
- Singer & Hamilton ;
- Sirca ;
- Spencer Stuart ;
- Stanton Chase ;
- Transearch.

Pour en savoir plus, je vous recommande de consulter *Le Guide des professionnels du recrutement*, de Gwenolé Guiomard et Pascale Kroll (Expansion, 2011), et *Le Guide des conseils en recrutement* de Robert Ulman (Cercomm, 2013).

Veillez à prendre les plus récentes éditions, car les chasseurs de têtes passent régulièrement d'un cabinet à l'autre…

Liste (non exhaustive) de cabinets de management de transition

- Axessio ;
- Boyden Interim Management ;
- Delville Management ;
- EIM ;
- ETM ;
- Essensys ;
- Fontenay Managers ;
- Hunt Management ;
- Lincoln Transition Executive ;
- MPI Executive ;
- NIM Interim Management ;
- Objective Cash ;
- Robert Half ;
- Robert Walters Management de Transition ;
- Transition - Eurosearch & Associés ;
- Valtus Transition ;
- XPM Transition partners.

Liste (non exhaustive) des fonds et sociétés de capital-investissement

- 3i ;
- 21 Centrale Partners ;
- Abenex Capital ;
- Activa Capital ;
- Advent International ;
- Apax Partners ;
- Astorg Partners ;
- Avenir entreprises ;
- Axa Private Equity ;
- Barclays Private Equity France ;
- BC Partners ;
- Bridgepoint ;
- Butler Capital Partners ;
- Carlyle Group ;
- CDC Entreprises ;
- Chequers Capital ;

- CIC Finance ;
- Cinven ;
- Crédit Agricole Private Equity ;
- Edmond de Rothschild Capital Partners ;
- EPF Partners ;
- Eurazeo ;
- FSI ;
- GIMV ;
- Groupama Private Equity ;
- Groupe IDI ;
- ING Parcom ;
- Iris Capital ;
- KKR ;
- LBO France ;
- Natixis Private Equity ;
- PAI Partners ;
- Pragma Capital ;
- Quilvest Private Equity ;
- Sagard ;
- Siparex : siparex.com ;
- Weinberg Capital Partners ;
- Wendel.

Pour en savoir plus, je vous recommande la lecture du *Guide des sociétés de capital-investissement* de Jean-Baptiste Hugot et Jean-Philippe Mocci (Éditions du Management, 2012).

Semaine type d'un cadre supérieur ou dirigeant en recherche d'emploi

(Les temps non indiqués correspondent aux déplacements nécessaires dans la journée.)

Lundi :

8 h 00 – 9 h 00 : planning de la semaine et lecture de la presse (à la maison).

9 h 00 – 10 h 00 : recherche des annonces sur les *job boards* (à la maison).

10 h 00 – 12 h 00 : réponses aux annonces sélectionnées (à la maison).

13 h 00 – 14 h 30 : déjeuner de travail avec un autre chercheur d'emploi.

14 h 30 – 16 h 00 : recherches pour préparer les prochains rendez-vous Réseau.

17 h 00 – 18 h 00 : premier rendez-vous Réseau de la semaine.

19 h 00 – 20 h 00 : travail de suivi (remerciements, mises à jour, réponses aux messages).

Mardi :

8 h 00 – 9 h 00 : footing.

9 h 30 – 10 h 30 : lecture de la presse ou appels Réseau.

11 h 00 – 12 h 00 : deuxième rendez-vous Réseau de la semaine.

12 h 30 – 14 h 00 : déjeuner avec un fonds d'investissement.

14 h 00 – 15 h 00 : envoi de lettres d'approche directe.

16 h 00 – 17 h 30 : troisième rendez-vous Réseau de la semaine.

18 h 00 – 19 h 00 : préparation, avec le consultant en *outplacement*, de l'entretien de recrutement du lendemain.

21 h 00 – 22 h 00 : travail de suivi (à la maison).

Mercredi :

8 h 00 – 9 h 30 : petit déjeuner – conférence-débat.

10 h 30 – 11 h 30 : quatrième rendez-vous Réseau de la semaine.

12 h 00 – 14 h 00 : déjeuner d'échange de contacts avec d'autres candidats du cabinet d'*outplacement*.

14 h 30 – 16 h 00 : entretien d'embauche avec le DRH d'une entreprise cible.

16 h 30 – 18 h 00 : envoi d'un mailing aux chasseurs de têtes anglais.

18 h 00 – 20 h 00 : recherche sur les cibles, les prochains interlocuteurs recrutement, les prochains contacts Réseau.

Jeudi :

8 h 00 – 8 h 30 : footing.

9 h 30 – 10 h 30 : cinquième rendez-vous Réseau de la semaine.

11 h 30 – 13 h 00 : sixième rendez-vous Réseau de la semaine.

14 h 30 – 16 h 00 : rendez-vous de travail avec le consultant en *outplacement*.

16 h 00 – 17 h 00 : séance de prise de rendez-vous téléphoniques.

17 h 00 – 18 h 30 : travail de suivi.

19 h 00 – 21 h 00 : conférence de l'association des anciens élèves de votre école de commerce/d'ingénieurs.

Outil 27

Vendredi :

8 h 30 – 9 h 30 : septième rendez-vous Réseau de la semaine.

11 h 00 – 12 h 00 : rendez-vous avec un chasseur de têtes.

12 h 30 – 14 h 00 : déjeuner avec un ami (ce qui n'est pas du pur réseau).

14 h 00 – 15 h 00 : séance de prise de rendez-vous téléphoniques.

16 h 00 – 17 h 00 : huitième rendez-vous Réseau de la semaine !

18 h 00 – 19 h 00 : travail de suivi et préparation du planning de la semaine suivante.

20 h 00 – 22 h 00 : sortie cinéma.

Samedi :

10 h 00 – 12 h 00 : sport.

13 h 00 – 20 h 00 : temps familial, loisirs, etc.

20 h 30 – 24 h 00 : dîner avec des amis.

Dimanche :

8 h 00 – 23 h 00 : temps personnel/familial/amical/culturel (une ou deux heures peuvent être consacrées à la recherche d'emploi pendant le week-end, mais attention à ne pas en faire plus !).

Outil 27

Panorama des réseaux en France

Écoles

Association des diplômés de l'**Agro Paris** :
ingenieursdelagro.org

Association des Ingénieurs **Arts et Métiers** :
arts-et-metiers.asso.fr

Association des diplômés d'**Audencia** : reseaudencia.com

Association des **Centraliens** : centraliens.net

Association des anciens élèves de **Dauphine** :
dauphine-alumni.org

Association des diplômés de l'**EDHEC** : edhecalumni.com

Association des diplômés de l'**EM Lyon** : emlyonforever.com

Association des diplômés de l'**ENA** : aaeena.fr

Association des diplômés de l'**ENS** : archicubes.ens.fr

Association des anciens de l'**ENSAE** : ensae.org

Association des anciens élèves de l'**ENSTA** :
https ://www.ensta.org

Association des diplômés de l'**ESCP-EUROPE** :
escpeuropealumni.org/

Association des diplômés de l'**ESC Lille** ;
http://alumni.skema.edu/

Association des diplômés de l'**ESC Reims** : rms-network.com

Association des diplômés de l'**ESC Rouen** :
escrouen-alumni.net

Association des diplômés du groupe **ESSEC** : essecnet.com

Association des diplômés de l'**ETP** : sidetp.org

Association des diplômés d'**Euromed** : aluminy.com/

Harvard Business School Club de France : hbsclubfrance.org

Association des diplômés **HEC** : associationhec.com

Association des diplômés de l'**IAE** Paris : iae-paris.org

Association des auditeurs de l'**IHEDN** : 2a-ihedn.org

Association des diplômés de l'**INSEAD** :
inseadalumni-france-online.com

Association des anciens élèves de l'**École des Mines de
Paris** : inter-mines.org

Association des diplômés de l'**École Navale** : aovc.org

Association des anciens de **Polytechnique** :
polytechnique.org

Association des diplômés de l'**École des Ponts et
Chaussées** : ponts.org

Association des diplômés de **Sciences Po** : sciences-po.asso.fr/

Association des diplômés de **Supaéro** : supaero.org

Stanford Business Club : stanford-business-club.asso.fr

Association des diplômés de **Supélec** : asso-supelec.org

Association des diplômés de **Télécom Paris** :
telecom-paristech.org

Outil 28

Métiers

Administrateurs d'entreprises : apia.asso.fr

Institut Français des **Administrateurs** (IFA) : ifa-asso.com

Société Française des **Analystes Financiers** (SFAF) : sfaf.com

Club des **Annonceurs** (CDA) : leclubdesannonceurs.com

Compagnie des Dirigeants d'Approvisionnement et Acheteurs de France (CDAF) : cdaf.asso.fr

Institut Français de l'**Audit et du Contrôle Interne** : ifaci.com

Confédération Nationale des **Avocats** : cna-avocats.fr

Fédération Française des **Sociétés d'Assurances** (FFSA) : ffsa.fr

Société Française de **Coaching** : sfcoach.org

Dirigeants **Commerciaux** de France (DCF) : reseau-dcf.fr

Information Presse et Communication (**Communication Externe**) : infopressecom.org

Association des Directeurs de **Comptabilité** des Établissements de Crédit et des Entreprises d'Investissement (ADICECEI) : adicecei.com

Association des Directeurs de **Comptabilité** et de Gestion (APDC) : apdc-france.com

Association Française des **Crédit Managers** et Conseil (AFDCC) : afdcc.com

Association Française de **Finance** (AFFI) : affi.asso.fr

Association Nationale des Directeurs **Financiers et de Contrôle de Gestion** (DFCG) : dfcg.com

Outil 28

Groupement des Acteurs et Responsables de la **Formation** (GARF) : garf.asso.fr

Association Française des **Gestionnaires Actif Passif** (AFGAP) : afgap.org

Association Française de l'Audit et du Conseil **Informatiques** : afai.fr

Club **Informatique** des Grandes Entreprises Françaises (CIGREF) : cigref.fr

Association Française des Entreprises d'**Investissement** : afei.fr

Association des **Journalistes de l'Information Sociale** : ajis.asso.fr

Association des **Juristes d'Assurance** et de Réassurance (AJAR) : ajar.asso.fr

Le Cercle Montesquieu (Directeurs **juridiques**) : cercle-montesquieu.fr

Association Française des **Juristes** d'Entreprise (AFJE) : afje.org

Association Française pour la **Logistique** : aslog.org

Comité Colbert (**luxe**) : comitecolbert.com

Association Française du **Marketing** (AFM) : afm-marketing.org

Association Nationale du **Marketing** (ADETEM) : adetem.org

Cercle du **Marketing Direct** : cercle-md.com

Entreprises et **Médias** : entreprises-medias.org

Association Nationale des Directeurs de **Partenariats** (ADALEC) : adalec.com

Entreprise&**Personnel** : entreprise-personnel.com

Cercle Magellan (**ressources humaines**) : magellan-network.com

Association Nationale des Directeurs des **Ressources Humaines** (ANDRH) : andrh.fr

Association Française de **Stratégie** et de Développement d'Entreprise (AFPLANE) : cybel.fr/html/afplane/index.htm

Association of Corporate Travel Executives (**tourisme**) : acte.org

Association Française des **Trésoriers** d'Entreprise (AFTE) : afte.com

Association du Forex et des **Trésoriers de Banque** (AFTB) : acifrance.org

Femmes

Action de Femme : actiondefemme.fr

Action'Elles : actionelles.fr

AFEE : afee-association.com/

Arborus : arborus.org

Association des Femmes Chefs d'Entreprises : fcefrance.com

Business and Professional Women France : bpw.fr

Cercle InterElles : http://interelles.canalblog.com

Cosmetic Executive Women : http://cew.asso.fr/

Cyber-Elles : cyber-elles.com

Entreprise au Féminin : lentrepriseaufeminin.com

European Professional Women's Network Paris : europeanpwn.net/paris

Outil 28

Femmes Business Angels : femmesbusinessangels.org

Femmes Chefs d'Entreprises : fcefrance.com

Femmes Leaders : femmesleaders.com

Femmes 3000 : femmes3000.fr

Financi'Elles : financielles.org

Grandes écoles au féminin : grandesecolesaufeminin.net

Ladies' Circle International : lcfrance.org

Women's Forum for the Economy and Society :
womens-forum.com

Zonta Clubs de France : zontaclubsfrance.org

Anciens d'entreprise

Outil 28

Anciens d'**Accenture** :
http://careers.accenture.com/fr-fr/Pages/index.aspx

Anciens de **CapGemini** : Escape : association-escape.com

Anciens de **Danone** : afterdan.net

Anciens de **Mars** : http://marsxchange-ex-aftermars.over-blog.com

Anciens de **Nielsen** : http://anciensdenielsen.com

Anciens de **PriceWaterhouseCoopers** :
www.pwc.fr/les_anciens_pwc.html

Anciens de **Procter & Gamble** : pgalumni.fr

Honorix (anciens managers de **Rank Xerox** et **Xerox**) :
honorix.org

Unilever Club (anciens d'**Unilever**) :
uclub.fr/http/presentation.jsp

Desunilog (anciens d'**Unilog**) : desunilog.com

Thomson Alumni Club : thomsonalumniclub.net

Chefs d'entreprise et dirigeants

Club Agora : agoradirigeants.com

Club des Entrepreneurs de la Gironde : club-entrepreneurs-gironde.com

Crans Montana Forum : cmf.ch

Entrepreneurs et Dirigeants Chrétiens : lesedc.org

Confédération Générale des Petites et Moyennes Entreprises (CGPME) : cgpme.fr

Esprits d'Entreprises : espritsdentreprises.fr

Fédération des Entreprises et Entrepreneurs de France (FEEF) : feef.org

IMS-Entreprendre pour la Cité : imsentreprendre.com

Club Entreprendre : clubentreprendre.fr

Institute of Directors (IOD) : iod.com

Institut Aspen France (Lyon) : aspenfrance.org

Le Cercle Managers Business Club (ex-Maxim's Business Club) : mbc-club.org

Association des Moyennes Entreprises Patrimoniales (ASMEP) : asmep.fr

Centre des Jeunes Dirigeants d'entreprise (CJD) : cjd.net

Croissance Plus : croissanceplus.com

Réseau Entreprendre (Lille) : reseau-entreprendre.org

Entreprises et Cités : entreprises-et-cites.com

Outil 28

Association Française des Entreprises Privées (AFEP) : amf-france.org

Entreprise et Progrès : entreprise-progres.net

Institut de l'Entreprise : institut-entreprise.fr

MEDEF : medef.com

Mouvement Chrétien des Cadres et Dirigeants : mcc.asso.fr

Association pour le Progrès du Management (APM) : apm.fr

Réussir (Toulouse) : reussir.org

Clubs régionaux

Union Régionale des Ingénieurs et des Scientifiques d'**Aquitaine** (URISA) : urisa.fr

Fédération Nationale des Amicales **Aveyronnaises** : fna12.org

Association des **Cadres Bretons** (ACB) : cadres-bretons.fr

Paris **Breton** : parisbreton.org

BZH Network : bzhnetwork.com

Association des **Cadres Catalans** de Paris Île-de-France : www.cadrescatalansparis.com

Les Dîners **Celtiques** : dinersceltiques.org

PariGones (**Lyonnais** à Paris) : parigones.net

Clubs de loisirs

Aéro-Club de France : aeroclub.com

Paris **Golf** & Country Club : pariscountryclub.com

Polo de Paris : polodeparis.com

Stade Français : stadefrancais.com

Racing Club de France : racingclubdefrance.net

Cercle de la Mer : cercledelamer.com

Cercle de l'Étrier : http://etrierdeparis.com

Cercle de la Voile de Paris : http://regates-cvp.fr

Club des Croqueurs de Chocolat : http://croqueurschocolat.com

Golf de Saint-Germain : golfsaintgermain.org

Golf de Saint-Cloud : golfsaintcloud.com

Ritz Health Club : ritzparis.com

Rotary Club : rotary-francophone.org

Lions Club : lions-france.org

Hôtel Saint James Paris : saint-james-paris.com

Tennis Club de Paris : tennisclubdeparis.fr

Villa Primrose (sports Bordeaux) : villaprimrose.com

Wine & Business Club : http://wbc.winebusinessclub.com

Yacht Club de France (nautisme) : http://ycf-club.fr

Association pour le Développement du Mécénat Industriel et Commercial (ADMICAL) : http://admical.org

Press Club de France : http://pressclub.fr

Institut du Droit Social : club-ids.com

Observatoire sur la Responsabilité Sociétale des Entreprises (ORSE) : orse.org

Mouvement Génération RH : generation-rh.com

Club Européen des Ressources Humaines : europeanclub-hr.eu

Association Française des **Juristes d'Entreprise** : afje.org

Outil 28

Clubs de prestige

Automobile Club de France : automobileclubdefrance.fr

Cercle Foch : cerclefoch.fr

Cercle de l'Union Interalliée : cercle-interallie.fr

Cercle du Bois de Boulogne : letir.fr

Cercle du Jockey Club : pas de site Internet.

Institut Montaigne : institutmontaigne.org

Le Siècle : syti.net

Ordre de Malte : www.ordredemaltefrance.org

Clubs de minorités

Réseau Francophone des Femmes d'Affaires Noires : rffan.org

Syndicat National des Entreprises Gaies (SNEG) : sneg.org

L'Autre Cercle (homosexuels) : autrecercle.org

Clubs de réflexion politique et sociale

Association pour la liberté économique et le progrès social (ALEPS) : libres.org

La Fondation Concorde : fondationconcorde.com

Fondation Robert Schuman : robert-schuman.eu

Fondation Jean Jaurès : jean-jaures.org

Cercle Léon Blum : cercle-leon-blum.org

Fondation Copernic : fondation-copernic.org

Club de l'Horloge : clubdelhorloge.fr

Dialogue et Initiative : dialogue-initiative.com

Cercle Républicain : cerclerepublicain.com

Sites et applications utiles (et la plupart gratuits) pour votre recherche d'emploi

Adresse jetable

Pour tester un service en ligne sans afficher vos données personnelles, utilisez www.jetable.org, un outil utile pour éviter d'être la cible de spams.

AEF

Pour élargir votre base de cibles, consultez l'annuaire des entreprises de France des CCI : AEF (www.aef.info). Il vous suffit de spécifier la zone géographique, le secteur, la taille, pour obtenir une idée du nombre d'entreprises concernées par votre recherche. En dessous de cent entreprises, la CCI vous offre les contacts. Au-delà, vous pouvez acheter les informations en ligne.

APCE (Agence pour la création d'entreprise)

Si vous voulez créer ou reprendre une entreprise, www.apce. com est le site incontournable grâce à ses informations et ses fiches pratiques ; il propose aussi un espace personnel en ligne dans lequel vous construisez votre projet et suivez son avancement.

Buffer

Soignez votre réputation personnelle et professionnelle en ligne sur les réseaux sociaux grâce à Buffer (http://bufferapp. com). Centralisez vos posts sur les différents réseaux (Facebook, Twitter, LinkedIn, etc.) et programmez leur publication. Évitez ainsi d'envoyer dix tweets en cinq minutes avant une pause de plusieurs heures.

Conventions collectives

Pour connaître une convention collective, connectez-vous sur www.legifrance.gouv.fr. Ce site rassemble toute l'information juridique concernant le droit français. Il est possible de consulter en ligne et de télécharger en PDF les conventions collectives.

Dropbox

Pour synchroniser vos fichiers dans le *cloud* et y avoir accès de n'importe quel ordinateur ou tablette, utilisez Dropbox (www. dropbox.com). La version gratuite permet de stocker jusqu'à 2 giga-octets de données, mais cette capacité est extensible à 10 Go grâce au parrainage, à raison de 250 Mo par parrainage.

Outil 29 (left margin)

E-mail à vérifier

Si vous avez noté rapidement l'adresse d'une personne et que vous voulez la vérifier au moment de lui envoyer un e-mail, http://verify-email.org vous dira en un clic si le statut de l'adresse est correct. Il vous donnera également l'adresse type d'une entreprise dont vous souhaitez contacter l'un des membres.

Fax

Pour faxer un document électronique, choisissez http://fax-gratuit.net qui vous offre ce service gratuitement moyennant l'envoi d'une publicité sur le document en question.

getAbstract

Pour disposer d'excellents résumés de livres de management, abonnez-vous à getAbstract (www.getabstract.com/fr/). Pour moins de 100 euros par an en version française, vous recevez cinq résumés de livres par mois. Avec un abonnement plus cher, vous avez accès à davantage d'ouvrages.

Google Actualités

Afin de savoir ce que l'on dit d'une entreprise cible, effectuez une veille via Google Actualités. Créez une recherche automatisée en entrant le nom des entreprises que vous souhaitez suivre dans le moteur de recherche. Si vous souhaitez recevoir des alertes par e-mail, cliquez sur le lien « Alertes Actualités ».

Outil 29

Info-financière

Si vous ciblez l'une des entreprises du CAC 40, www.info-financière.fr recense les informations réglementées des sociétés cotées. Vous avez notamment accès aux communiqués de presse des entreprises. Vous pouvez également consulter les rapports d'activité et toutes les dernières actualités financières de l'entreprise.

INPI (Institut National de la Propriété Industrielle)

Avant d'arrêter votre choix sur un nom de marque ou de société, assurez-vous que le nom n'est pas déjà déposé auprès de l'INPI (www.inpi.fr). Le site permet de consulter les marques françaises, communautaires et internationales en vigueur.

Si vous souhaitez vérifier sa disponibilité sur le Net, n'oubliez pas de faire aussi une recherche sur le site de l'Afnic (www.afnic.fr).

Modèles de présentation

Si vous souhaitez passer moins de temps à fignoler la mise en page de vos présentations PowerPoint ou de vos documents Excel et Word, Microsoft propose sur son site http://office.microsoft.com un grand nombre de modèles téléchargeables.

Pocket

Si vous n'avez pas le temps de lire tout ce qui vous intéresse, stockez sur le site Pocket (www.getpocket.com) les documents que vous souhaitez consulter plus tard. Ces textes seront

Outil 29

disponibles sur tous vos supports : smartphone, tablette ou ordinateur.

RescueTime

Pour optimiser la gestion de votre temps, utilisez RescueTime. Téléchargez cette application (www.rescuetime.com) qui analyse votre activité sur votre ordinateur. RescueTime comptabilise le temps passé sur tel site, tel logiciel et à telle activité pour vous aider à optimiser votre organisation.

Retraite

Pour connaître le montant de vos pensions retraites, l'âge de départ à la retraite à taux plein ou ce qu'un départ anticipé aura comme incidence sur votre retraite, consultez www.marel.fr.

Scoop It

Si vous collectez des articles sur la ou les thématiques qui vous intéressent, vous pouvez rendre publiques ces informations en utilisant Scoop It (www.scoop.it). Cet outil permet de rassembler en une seule page des contenus portant sur une même thématique.

SharedCount

Si vous voulez connaître le succès d'une page sur les réseaux sociaux, il vous suffit de copier-coller l'url de la page qui vous intéresse sur SharedCount (http://sharedcount.com) pour découvrir le nombre de partages de cette page sur Facebook, Twitter, LinkedIn, Google Plus.

Outil 29

Slideshare

Pour partager des présentations PowerPoint avec votre réseau ou d'autres chercheurs d'emploi, Slideshare (http://fr.slideshare.net) a lancé un service de conférence Web : Zipcast. Ce service vous permet d'organiser une présentation Web réunissant un nombre illimité de participants dans une salle de conférence virtuelle.

SOCIETE.COM

Pour consulter le bilan et le compte de résultat de sociétés qui vous intéressent, Societe.com (www.societe.com) vous fournit en libre accès les informations financières déposées par les entreprises. La carte d'identité de l'entreprise et le nom du dirigeant sont également disponibles.

SoundGecko

Si vous n'avez pas le temps de consulter tous les articles que vous désirez lire, écoutez-les *via* SoundGecko (http://soundgecko.com). Indiquez le lien de l'article sur le site pour obtenir une version audio sur votre mobile. C'est très pratique quand vous êtes au volant ou dans les transports en commun. Attention, ce site ne fonctionne qu'avec des textes en anglais.

Outil 29

Sept conseils
pour bien utiliser Twitter

1. Bien choisir son identifiant

Il doit être identifiable, simple et court. Il doit surtout attirer l'œil et être facilement mémorisable.

2. Utilisez votre vrai nom

Vous vous connectez plus facilement avec un autre être humain. Mettez également une photo professionnelle sur votre profil.

3. Liens

Rendez votre profil interactif en y mettant des liens vers les espaces où vous voulez attirer du trafic. Twitter propose de mettre une url principale cliquable, mais vous pouvez ajouter une url avec http :// dans votre bio. Faites connaître votre présence Twitter en ajoutant des liens vers votre profil depuis votre site, votre blog et vos profils LinkedIn et Viadeo.

4. Utilisez les *hashtags* (#)

Utilisez ce symbole # devant tous les mots clés que vous allez utiliser sur Twitter (bio, tweets, etc.). Cela permettra de rattacher votre contenu au flux d'informations du mot clé en question. C'est un bon moyen pour attirer de nouveaux abonnés. Il n'y a pas de bibliothèque ni d'annuaire de *hashtags*. Chacun peut créer celui qu'il veut. #Il #faut #toutefois #veiller #à #les #utiliser #de #manière #pertinente #et #ne #pas #en #abuser.

5. Connectez-vous avec ceux qui partagent vos intérêts

Abonnez-vous en priorité à ceux qui s'intéressent à des thématiques proches des vôtres. C'est indiqué dans leur bio.

6. Utilisez les annuaires Twitter

Il existe plusieurs annuaires intéressants pour vous aider à développer votre réseau, dont :

- connect.me ;
- First Issue ;
- Just tweet it ;
- Listorious ;
- loaded Web.

7. Faites-vous repérer par les influenceurs

Abonnez-vous aux influenceurs de votre domaine et retwittez-les (RT) pour qu'ils vous repèrent. Après quelques « RT », mentionnez-les. Certains d'entre eux pourront alors s'abonner à votre flux. Si vous êtes réellement pertinent, ils pourront vous remercier en relayant l'un de vos tweets.

Outil 30

Conclusion

À présent, à vous de jouer. Préparez-vous comme un professionnel, entraînez-vous, affûtez vos outils, définissez votre stratégie et mettez-vous en action. Considérez que vous allez courir un marathon durant lequel on vous demandera, soudainement, de sprinter et de franchir des haies.

La recherche d'emploi est une suite de compétitions. Il faut d'abord se qualifier. Ensuite il faut effectuer la course contre des adversaires invisibles. Et il n'y a qu'une seule place sur le podium.

Soyez fort, soyez le meilleur. Puisse ce livre vous y aider !

Sources bibliographiques

Ouvrages

Accuf, J., *Quitter. Closing the Gap between your Day Job and your Dream Job*, Lampo Press, 2011.

Anna, J.-C., *Job & réseaux sociaux. Connectez-vous*, Hachette, 2013.

Bailo, P. J., *The Essential Phone Interview Handbook*, Career Press, 2011.

Bellec, S., *Trouver un job grâce au Web*, Dunod, 2010.

Bommelaer, H., *Trouver le bon job grâce au Réseau*, Eyrolles, 2012, 4ᵉ éd.

Bommelaer, H., *Booster son business. Gagner de nouveaux clients grâce au Networking*, 2011 (cf. p. 36).

Bommelaer, H., *Rebondir en temps de crise*, Eyrolles, 2009.

Boothman, N., *Tout se joue en moins de 2 minutes*, Marabout, 2002.

Brown, G.C., *The Top Ten Secrets To Finding the Right Job Right Now* (sur Kindle).

Byrne, C., Greene, B., *The Web 2.0 Job Finder*, Career Press, 2011.

Cooper, J., *5 simple steps to finding the work you love*, 2012 (sur Kindle).

Covey, S. R., *Les 7 habitudes de ceux qui réalisent tout ce qu'ils entreprennent*, First, 2005.

De Back, A., *Get Hired in a Tough Market*, McGraw-Hill, 2010.

Douënel, J., Sédès, I., *Quelle est votre valeur ajoutée ?*, Éditions d'Organisation, 1999.

Dubar, E. N., *Trouver un emploi en temps de crise*, L'Express, 2009.

Freeman, S., *Head Hunter's Hiring Secrets*, 2012 (sur Kindle).

Fox, J., *N'envoyez pas de CV !*, L'Archipel, 2003.

Goldsmith, M., *What Got You Here Won't Get You There*, Hyperion, 2007.

Gurney, D.W., *Never Apply for a Job Again*, Career Press, 2012.

Harrington, B., *Jobs for the over 50's*, 2012 (sur Kindle).

Hill, P., *The Panic Free Job Search*, Career Press, 2012.

Kraemer-Schwin, U., Stader, W., *Rebondir après une rupture professionnelle*, Marabout, 2009.

La Hosseraye (de), B., *L'outplacement : comment retrouver un emploi plus facilement et plus rapidement*, Gualino, 1998.

Liebman, P., *I Got My Dream Job and So Can You*, Amacom, 2012.

Levinson, J.C., Perry, D.E., *Guerrilla Marketing for Jobhunters 3.0*, John Wiley & sons, 2011.

Mackey, H., *Dig Your Well Before You're Thirsty*, Capital Book, 2004.

Maire du Poset, Y., *Décrochez le job de vos rêves*, Éditions Leduc, 2013.

Maire du Poset, Y., Clermont-Tonnerre (de), O., *Réussir votre entretien de recrutement*, Éditions Leduc, 2013.

Meuleman, F., *Trouver un emploi à plus de 45 ans – La méthode brutale*, Edipro, 2012.

Myers, F. R., *Get the Job You Want Even When No One's Hiring*, Wiley, 2009.

Öttl, C., Harter, G., *Mettez-vous en valeur*, Vigot, 2007.

Rega, P.J., *How to Find a Job When there are No Jobs*, 2011 (sur Kindle).

Ries, A., Trout, J., *Positioning*, Mc Graw-Hill, 2001.

Saunder, M., *Cadres en stock*, Pearson, 2012.

Taylor, J., Hardy, D., *Monster Careers – How To Land The Job Of Your Life*, Penguin Books, 2004.

Watters, M., *À vous de jouer*, Éditions Reynald Goulet, 2012.

Wintergreen, B., *Find a Job Fast*, 2013 (sur Kindle).

Articles

Askenasi, B., « CV senior, mode d'emploi », *Cadremploi*, 18 mai 2012.

Bommelaer, H., « Le réseau à la papa, c'est fini », *Courrier Cadres*, juillet-août 2012.

Bommelaer, H., « Établir une stratégie de recherche d'emploi gagnante », *Cadre-export*, 8 mai 2012.

Bommelaer, H., « Trouver un job à marée basse », *Courrier Cadres*, mai 2012.

Bommelaer, H., « Échapper au "copié-cloné" », *Courrier Cadres*, juillet-août 2011.

Bommelaer, H., « Sortez de votre réseau de clones », *Courrier Cadres*, avril 2011.

Bommelaer, H., « Le syndrome de John Rambo », *Courrier Cadres*, mars 2011.

Bommelaer, H., « Réseauter consiste à demander », *Courrier Cadres*, décembre-janvier 2011.

Bommelaer, H., « Le Réseau, bon antidote à la crise », *La jaune et la rouge* (Revue de l'AX), novembre 2010.

Bommelaer, H., « Soignez la photo et les mots-clés », *Courrier Cadres*, décembre 2009.

Bommelaer, H., « Mieux piloter sa carrière grâce au Réseau », *Revue Centraliens*, mai 2007.

Chalon, N., « Les quatre raisons de ne PAS postuler à une offre d'emploi », Keljob.com, 4 juillet 2012.

Colders, L., « Chômage longue durée : 5 conseils pour résister », Pourseformer.fr, mai 2012.

Declairieux, B., « Les cabinets à contacter et comment vous y prendre », *Capital*, janvier 2012.

Declairieux, B., « Trouver un job, les techniques pour sortir du lot », *Capital*, octobre 2009.

Engelhard, J.-M., « Comment activer les réseaux d'anciens élèves », *Le Parisien Économie*, 14 mai 2012.

Estival, L., « Multiplier les canaux pour se faire repérer », *Challenges*, 12 janvier 2012.

Jaouen, M,. « Rejoignez les clubs qui vous correspondent », *Management* Hors-série, décembre 2011.

Le Bolzer, J., « Réseaux. Comment les activer pour changer de job », *L'Express*, 23 février 2011.

N'Kaoua, L., « Comment rebondir pour un dirigeant ? », *Les Échos*, 14 février 2012.

Warmont, A, « 10 conseils pour devenir le candidat idéal », *L'Expansion*, avril 2011.

Index

Composé par FG Compo
Achevé d'imprimer :
N° d'éditeur : ????
Dépôt légal : septembre 2013

Imprimé en France